古九谷の暗号

加賀藩主・前田利常がつくった洗礼盤

孫崎紀子

現代書館

はじめに

「利常」「洗礼盤」「古九谷」この三つの言葉には、お互い繋がりはないように見えます。

しかし、「利常」と「古九谷」については、焼物愛好家で、しかも歴史に詳しい方はひょっとすると、繋がりをお感じになるかもしれません。「利常」とは加賀百万石前田藩の三代目の藩主であり、「古九谷」は加賀藩ゆかりの焼物とされてきたからです。

表題における古九谷は、「伝世品古九谷平鉢」とよばれる焼物に限っています。この伝世品とは、加賀藩の旧家から発見された古九谷をさし、平鉢とは深さのある大皿（直径三〇〜四〇cm余）のことで、加賀ではこのようによんでいます。

さて、「伝世品古九谷平鉢」の特徴は、独特の見事な色絵ですが、そのほとんどが肥前有田で焼かれた磁器素地の上に描かれています。その焼かれた窯も発掘品から同定されており、主に「山《やん》辺《べ》田《た》窯」（佐賀県有田町）で焼かれたものとされています。この山辺田窯の活動期間は限られていて、寛永中期（一六三〇年代後半）から十数年使われ、慶安三年（一六五〇）初めには理由不明の廃窯を迎えたといわれます。この期間は、加賀藩では利常の時期にあたります。色絵の釉薬《うわぐすり》をたっぷり使い、大皿全体を塗りつぶすことのできる経済力を持つのは、当時は藩主以外に考えられないことです。古九谷は、佐賀からこの素地を移入し、加賀で色絵が描かれました。

しかし、利常はなぜ古九谷をつくらせたのでしょうか？　動機があるはずです。それは何だったのでしょうか？

ここにもう一つの言葉、「洗礼盤」が関わってきます。洗礼盤とは、キリスト教信者が信者になるための儀式、「洗礼」に使われる器です。しかし、加賀にはかつてこの地にキリシタン（切支丹）がいた、あるいはキリスト教の布教が栄えた時代があったということについて、現在はその影も残っていません。ところが実際は、ローマには「日本で活発な教会は、長崎、大村、金沢」との記録があるのです。

一体どういうことでしょう？

それは、あの有名なキリシタン、高山右近が金沢に二十六年間も住んでいたことに始まります。秀吉の禁教令下、利常の父である藩祖前田利家が右近を加賀藩に招き、利常の兄である二代藩主利長が庇護し、加賀ではキリスト教の布教は保護されていました。高山右近を大切にすることは、利家の遺言でもありましたが、それよりも利長と右近は茶の湯を通しても非常に親しい間柄でした。利長存命の間、キリスト教は禁教となっていましたが、加賀藩内では、実は禁教は緩やかだったのです。

しかし、ついに右近は、家康のバテレン追放令によりマニラに追放となってしまいます。しかもその年、利長も亡くなってしまいます。この時、利常はすでに三代藩主となっており、十年余り、ずっと利長と右近の親交を見ていました。


利常の立場は、微妙でした。戒名の微妙院《みみょういん》、よび名の微妙公は、実にいい得て妙、です。三十一歳も年下で庶子であり、人質になっていたような境遇の利常を見出し、三代藩主にしてくれたのは、兄利長でした。

利常の利長に対する恩義には、計り知れないものがありました。

他方、利常は家康の内孫である珠姫《たまひめ》を正室として迎えており、徳川の二代将軍秀忠の「婿殿」でもありました。利常の動きは、藩の存亡に直結します。

慶長十九年（一六一四）、右近がマニラへ去り、その年利長が亡くなり、折しも時は、「大坂冬の陣」を迎えます。勿論、利常は幕府側より参戦しました。それに続く「夏の陣」での勝利のあとは、幕府の禁教令に忠実に従い、厳しく藩内に臨んでいきました。

しかし、実は藩内の事態は複雑でした。利常には、利長の忘れ形見のように残されたものがありました。それまでに加賀藩では、主だった藩士はほとんど全てがキリシタンとなってしまっていたのです。

愚か者を装い、奇妙な言動で幕府の眼をそらしながら、実は加賀百万石の基盤をつくったとされる利常の、藩内キリシタンに対する絶妙な対策が「古九谷の誕生」でした。その次第をこれからご覧いただきたいと思います。

踏み絵、次いで鎖国へと続く厳しい禁教令下、「伝世品古九谷平鉢」に陰に陽に描きこまれているキリシタンマークと水の意匠に、そして巧妙な利常の意図に、是非ともご注目いただきたいものと思います。

古九谷の暗号　目次

凡例
。引用した写真、図版の出典元は、203ページの図版出典一覧にまとめて記載しました。
。引用した史料は、読みやすさを考え、一部現代語訳に書きかえている場合があります。

第一章　加賀の利常とキリシタンの間

利常とは？

利常とは、前田利家の四男、加賀藩第三代藩主前田利常のことです。家康の孫、珠姫との結婚は加賀百万国を盤石なものへと導いていきましたが、何よりも利常自身が智慧者でした。

外様でありながら、徳川に次ぐ百二十万石の藩主となった十二歳の利常は、十年後の大坂夏の陣で世に認められたあと、奇異とも思える言動で周囲の思惑をそらしつつ、その陰で藩の礎をしっかりと築いていきます。常に鼻毛を伸ばし、それに意見した家臣に、「お前たちは、この鼻毛のおかげで無事に生きているのだぞ。この鼻毛に感謝しろ」といった話はよく知られています。後に、一部を分けて支藩にしたので、本藩は百二万石となりました。

利常の生きた時代というのは、鎖国へと向かう日本とは裏腹に、世界は大航海時代であり、アジアでは各国東インド会社による貿易が盛んでした。東インド会社を通じ、日本へは、中国からの絹、鉄砲や様々な珍しい品々とともにキリスト教も伝わっていました。広まりを見せるキリスト教を警戒し、度々、禁教令が出されます。そのような中、なんと実は、利常は多くのキリシタン藩士を抱えていたのです。

洗礼とは？

日本には古来「みそぎ（禊）」という風習があります。「みそぎ」とは、身に汚れや罪のある時や、重大な神事などに従う前に、海や川に行って身を洗い清めることです。今でも神社に参拝する時は、神様の前に出る前に手や口を漱ぎ、身を清めます。

聖典を持つ世界で一番古い宗教といわれるゾロアスター教*においては、この「浄化」は人々が守らなければならないことで、教義に直結しています。ゾロアスター教の世界では、この世界を創造した善神アフラマズダが創造を終えた瞬間から破壊を始めた悪の存在アフリマン

*ゾロアスター教
古代ペルシアが起源。世の中を善と悪に分け、善が優位とされる二元論的宗教。

がおり、人々が善いことをすればアフラマズダの力が強くなり、悪いことをすればアフリマンの力が強くなります。アフラマズダの創造物である人間は、つねにアフラマズダの力を強めるために、善いことを行わなければなりません。「穢れ、汚れ」は悪、「清潔」は善なのです。

しかし、キリスト教においては、洗い清めることは単なる浄化ではないようです。

「洗礼」という言葉は「バプテスマ」に当たる日本語ですが、「バプテスマ」というのは、ギリシヤ語で、「浸す、沈める」ということです。キリスト教においては、「バプテスマ」は、水の中に身を沈めること、これは死・埋葬を意味します。そして水から上がる、これはキリストの死からの復活、キリストとの一体化と解釈されています。

「洗礼」はもともとユダヤ教にあったもので、神への回心のしるしであり、一生に一回だけを主張する派もありました。その代表であり、イエスの師でもあったといわれる洗礼者ヨハネは、ヘロデ王をいさめて殺害された預言者です。ローマのヘロデ王の妃であった母親ヘロデアにそそのかされ、見事な舞の褒美にヨハネの首を所望したサロメのお話は、よく知られています。

洗礼者ヨハネは、母親のエリザベトに告げられた天使からの報せにより生まれました。その命名も天使によるものでした。祭司の当番でもあった夫ゼカリアとの間には、長い間子供に恵まれませんでした。しかし、天使のお告げにより夫の子を身ごもったというエリザベトの話を知り、自分も天使のお告げにより身ごもったことを知ったマリアは、エリザベトに会いに行きます。この二人の邂逅の美しい絵がフィレンツェのウフィツィ美術館にあります。

「洗礼」とは、キリスト教では父と子と聖霊の御名において水を受けることで、罪を清め、神の子として新たに誕生する儀式です。キリストを信じ、キリストと一体化すること、ともいわれます。「洗礼」を受けることで全ての人間が持つとされる原罪も、それまでその人が犯した全ての罪である自罪も許されます。キリスト教の各派によって違うようですが、儀式として、「洗礼」では、三つの方法が行われています。体全体を水に浸す「浸礼」、頭部に水を灌ぐ「灌水礼《かんすいれい》」、頭に少量の水を垂らす「滴礼」です。キリストは洗礼者ヨハネにより洗礼を受けましたが、それはヨルダン川でのことでした。洗礼盤が使われるのは、頭部に水を灌ぐ形の洗礼においてです。

「洗礼」につきましては、上智大学名誉教授山岡三治先生の御指導をいただきました。

利常は、なぜ、洗礼盤をつくらせたか？

洗礼盤は、大坂の陣での恩賞見直しを受けた全ての藩士三一二人のためのものでした。この戦いで、利常は凱旋者となり、初めて世に認められます。しかし、その凱旋は、藩士たちが挙げた三二〇〇の首頭、によるものでした。つまり、三二〇〇人の殺人です。キリシタンであったそれら藩士たちが、父と子と聖霊による洗礼を行い、罪を清めて、無事神の国に入れるように、という利常の願いがあったと考えられます。カトリック教会においては、洗礼を授けるのは、通常は司教、司祭、助祭ですが、緊急の場合は誰でも、未だ本人が洗礼を受けていない人でも、定められた洗礼の定句を唱えることで、洗礼を授けることができるのです。

大坂冬の陣の始まる年、慶長十九年（一六一四）正月、新年の宴の最中に、家康によるバテレン追放令の報せが加賀藩に届きます。すでに世に知られたキリシタンであった高山右近は、それにより、マニラへ追放されることになります。すでに二十六年も加賀藩で過ごし、主だった藩士は、ほとんどがキリシタンになっていました。藩士たちは、見せかけの棄教をして金沢にとどまるようにと勧めますが、右近は追放を選びます。

この時に応じて、高山右近は、宣教師トレスに金沢にとどまり、ひそかに布教を続けるように、そしてこれからどうすべきかを一緒にいた宣教師に全て語ったと記録されています。勿論、内容は記録されていませんが、右近は、藩士たちに亡くなる前の洗礼についても、その定められた洗礼の定句についても、語ったのではないでしょうか。

利常は、自分のために罪を犯した藩士たちが、その死の前に洗礼を受けることができ、罪を許されて旅立つことができるようにと、全ての藩士に洗礼盤を恩賞として与えました。それらはそのころはまだ日本にはない見事な色絵の大皿です。禁教令下、「洗礼盤」とは、勿論口外できないため、「洗礼盤」とわかる者、気付く者だけがわかるように、いろいろな形で、キリシタンマークをしのび込ませ、象徴的に、「水」の模様を描き込ませました。

しかし、洗礼盤とわからない者には、見たこともない見事な焼物です。誰もが喜んで拝領したでしょう。

当時、金沢には高山右近のための南蛮寺、つまり教会がありました。そこに置かれていた洗礼盤は、明の景徳鎮*から渡来した色絵大皿であり、それが利常の洗礼盤のアイデアのもとになったのかもしれません。図1は、同時代に景徳鎮でつくられた色絵大皿です。洗礼盤が色絵であったならば、きっと、このようなものだったでしょう。実際に、利

*景徳鎮（けいとくちん）
中国江西省東北部に位置する市。陶磁器の生産は漢代ごろからとされ、国家歴史文化名城に指定されている。

常の洗礼盤の中には、これによく似た模様や風景が見られます。

キリスト教と茶の湯

大坂冬の陣でのことです。

「佐竹陣所へ見廻りの折、一服濃茶を勧められ、甲《かぶと》を脱いで呑んでいた古田織部の頭の側面を鉄砲の玉がかすめた。織部は、取り出した帛紗《ふくさ》で頭から出た血をぬぐった。流石に茶人である。織部は息を継いで、『これからは茶室でも甲をつけて入るべし』と興じた」という内容が『三壺聞書*』に書かれています。しかも、鉄砲の玉がかすめた時、実は織部は呑みながら、傍の竹束の中に「茶杓竹やある」といいながら頭を傾けたところでした。茶人として優れていることが、戦いの最中の記録に残るほどに評価されることであるくらい、当時、茶の湯は武将にとって切り離すことのできないものでした。

一つには、「茶の湯」が、信長の「茶の湯御政道」に端を発する武

図1　色絵山水文皿（出光美術館蔵）a

＊三壺聞書（みつぼききがき）
加賀藩士・山田四郎右衛門によって著されたといわれる。前田利家から利常まで、加賀藩の成立、業績、家臣団などについて詳細に記述されている。

家儀礼としての資格になっていたためです。信長は特定の武将にのみ「茶の湯」を許可し、報償として、茶の湯の道具を贈っていました。この「茶の湯御政道」によって、茶の湯を許される身分に何時なるやも知れず、手柄によりいつ取りたてられてもよいように、その時のために、どの武将も競って茶の湯の作法を学んだのです。秀吉の時代も「茶の湯御政道」は続いていました。

また一つには、戦乱下、いつも死と直面しており、しかも親戚友人まで裏切らねばならない状況に、いつ陥ることも覚悟しなければならない戦国武将にとって、身分の上下のない小さな密室（別世界）で、少人数で同じ「茶」を服することにより互いに心を許すことができる、あるいは心の安らぎを得ることは、求めるところでもありました。

当時、貿易も行い、鉄砲の生産と販売で巨万の富を持っていた堺は、豪商の町で、信長は堺に二万貫の矢銭（軍資金）を課すほどでした。

武野紹鷗*や今井宗久*の住んだ堺は、また「茶の湯」の中心地でもありました。「茶の湯」は豪商により支えられていたのです。堺では、

＊武野紹鷗（たけの　じょうおう）
一五〇二～一五五五　堺の豪商、茶人。利休などに影響を与えた。
＊今井宗久（いまい　そうきゅう）
一五二〇～一五九三　堺の商人、茶人。茶の湯天下三宗匠の一人。

豪商の一人日比屋了珪*と、初めてキリスト教を日本に伝えたフランシスコ・ザビエルとの出会いがありました。やはり裕福な商人の子である田中宗易（千利休）により、「茶の湯」はやがて「わび茶」として完成されていきます。堺では「市中の山居」が理想とされました。そのために、茶室へ行くのに、小さな庭、露地を通ります。これは利休に受け継がれていきます。

「茶の湯」は江戸初期になってもまだ、大名たちの間で盛んでした。実際の戦乱はなくとも、まだ幕府との関係では、「茶の湯」は効を奏していたのです。

キリシタン武将であり、茶人であった高山右近にとって、茶室は教会であったといわれています。

金沢と高山右近

江戸時代、およそ三百年間、「加賀百万石」といわれた城下町金沢

*日比屋了珪（ひびや　りょうけい）
生没年は不詳　堺の豪商。

は、前田の殿さまの城下町でした。初代藩主は前田利家、その夫人「まつ」とともに、よく知られています。

二〇一七年大阪で、没後四百年にして、福者として列福式が催されたキリシタン大名「高山右近」は、知る人ぞ知る戦国武将です。しかし、この高山右近が利家のもと、金沢にいたことはあまり知られていません。しかもその活躍期のほぼ半分にあたる二十六年間も加賀藩にいたことは、さらに知られていません。実は地元でも、ほとんど知られていませんでした。しかし、関ヶ原の戦いには加賀藩から参加し、金沢城の石垣も、高岡城をつくる時も、そのほかにも、高山右近は加賀藩のために多くの業績を残しています。

高山右近が利家に招かれたのは、秀吉による禁教令の後でした。それでも藩内では、高山右近の布教は相変わらず行われていました。右近は金沢に来てからは、南坊《みなみのぼう》と名乗りました。南坊とは「南蛮坊主」のことだといいます。宣教師によるローマへの報告の中には、日本で布教が活発なのは、長崎、大村、金沢と書かれています。また、金沢教会は、日本でもっとも大きい貴族のキリスト教徒の集団である、とも書かれています。貴族とは、武士のことです。

加賀藩では、多くの藩士がキリシタンになりました。キリシタンにとって大切な教会は、兼六園の近く、紺屋坂にあったといわれていま す。また、高山右近の家は、今の金沢21世紀美術館の辺りだったといわれています。両方とも、ほとんど城の傍です。高山右近の藩内での領地は能登にあったので、能登でも布教は盛んでした。利家自身も洗礼名を持っていました。利家の長男であり、高山右近と非常に親しかった、後の二代藩主利長は、洗礼を受けたかったけれども受けなかった、と伝えられています。もっとも禁教令下、藩主利長がキリシタンになれるはずはありません。

右近については、列福式が行われるにあたって、新聞でもシリーズで報道がありました。右近については今ではどなたもご存じでしょう。

しかし、これまで知られていなかった理由は、「隠忍韜晦《いんにんとうかい》」を藩是とした加賀藩の在り方にあったのではないでしょうか？　「隠忍韜晦悔」とは、「じっと心の内に隠して、才能・学問などを包みくらますこと」です。厳しさを増してゆくキリスト教禁教令下、ついに高山右近は家康によりマニラに追放されました。残された多くのキリシタン藩士は表向きの棄教をし、その存在を最初は意図して隠し、隠されたまま時とともに、自然に加賀藩から消えていったのだと思われます。金沢のキリシタンは、藩ぐるみの「隠しキリシタン」であったといえましょう。

キリスト教の伝来と茶の湯

高山右近は、戦国武将でもあり、キリシタン大名でもありましたが、また茶の湯にも優れていました。わび茶を確立した千利休には、利休七哲とよばれる七人の優れた弟子がいましたが、高山右近はその中でも特に優れた一人でした。

国内が天下統一に向かっていたころ、海外では、スペイン、ポルトガル、オランダ、イギリスなどヨーロッパの各国は、アジアとの貿易のため次々に東インド会社を設立し、盛んに船と人と物を動かしていました。それにより日本へは、南蛮渡来の珍しい品々とともに、鉄砲とキリスト教が伝わりました。

キリスト教が日本へ伝わったのは天正十八年（一五四九）、フランシスコ・ザビエルによってのことです。ザビエルは現在のスペインのバスク地方にあたるナバラ王国の貴族で、ザビエル城で生まれました。パリ大学で哲学を学び、一緒に学んでいたイグナチオ・デ・ロヨラ*の影響を受け、聖職者となります。そしてロヨラ等とともにイエズス会を創立しました。ロヨラもバスク地方のロヨラ城で生まれています。その後、布教のためポルトガル王によりインドに派遣されます。インドで多くの人々を導いたあと、ザビエルは日本に向かいました。

そのころ日本は、応仁元年（一四六七）から文明九年（一四七七）まで十一年も続いた応仁の乱の後で、それに続く戦国時代が始まっており、京都は荒れ果てていました。帝に会うため瀬戸内海を舟で京都に

＊イグナチオ・デ・ロヨラ
一四九一～一五五六　カスティーリャ王国（後のスペイン王国）の修道士。イエズス会の最初の総長に選ばれる。

向かう途中、ザビエルは、その貧しい身なりを気の毒に思った同舟の商人に、堺に着いたら訪ねるようにと日比屋了珪を紹介されます。このころ、堺は茶の湯の中心地でもあり、日比谷了珪は、そのまた中心人物でもありました。

身なりもふさわしくなく贈り物もないため、帝に会うことの叶わなかったザビエルでしたが、貿易に携わる堺の豪商日比屋了珪との出会いは、やがてキリスト教のさらなる布教にも、またキリスト教と茶の湯との結び付きにも繋がっていくこととなります。約十年後、布教のために堺へやって来たヴィレラ*に、日比屋了珪は、三階建てであった自宅（蔵）を開放します。そこでは一階に教会、二階に宣教師の居住区、三階に茶室がありました。日比屋了珪は、豪商仲間の小西隆佐《りゅうさ》らと率先してキリシタンになり、布教を支えました。キリシタン大名小西行長《ゆきなが》は、小西隆佐の子です。

堺では、多くの商人仲間がキリシタンとなりました。

千利休もその一人でした。キリシタンであったという証拠こそあり

*ガスパル・ヴィレラ
一五二五（?）〜一五七二　日本における初期キリスト宣教師。ポルトガル人。

ませんが、利休が「山を谷に、西を東に変えるかのように、茶の湯の決まりごとを破り、茶道具を自由に変えてしまった」と批判されるのは、司祭によるミサの儀式と茶の湯における亭主の作法に通ずるものがあるとの指摘に繋がります。

利休七哲とよばれる弟子、蒲生氏郷《がもううじさと》、細川三斎、牧村兵部、瀬田掃部《かもん》、古田織部、芝山監物《けんもつ》、高山右近のうち、蒲生氏郷、高山右近はいずれもキリシタンでした。古田織部もキリシタンだったといわれています。

加賀の一向一揆と蓮代寺

信長が攻めてくる前のほぼ百年間、加賀は守護大名のいない民衆の自治によって治まっている全国でも珍しい地方でした。そのきっかけは一向一揆です。一向一揆は各地でありましたが、加賀の一向一揆には、蓮如が深く関わっていました。

蓮如が加賀に来る前、すでに加賀には天台宗や白山信仰など、阿弥陀信仰が伝わっていました。浄土真宗の宗祖は親鸞ですが、親鸞の率いた集団は、中世では一向宗とよばれました。当時は浄土真宗にもいろいろ宗派がありました。親鸞から数えて八代後の本願寺派の蓮如の登場により、浄土真宗本願寺派は瞬く間に北陸一帯に広まりました。蓮如は吉崎に吉崎御坊*（寺）を建てます。吉崎御坊は、蓮如の布教の中心地となりました。そして、「なむあみだぶつ」とお念仏を唱え、阿弥陀さまを信心さえすれば、誰でも平等に救われ、極楽に行ける、と説きました。その布教も「御文*」によるもので、これはわかりやすく、人々の心を捉えました。人々が集まり話をする場「講」、さらに大きい「道場」、そしてそれが大きくなると「寺」となりました。このころ、蓮如により多くの各宗の寺が浄土真宗に転宗しました。

少し前に戻って、蓮如の布教が盛んになるまで、この地は守護大名富樫《とがし》氏が治めていました。「富樫」とは、歌舞伎でお馴染みの「安宅の関」で、頼朝に追われる「義経」の一行を怪しいと見破り、「弁

＊吉崎御坊（よしざきごぼう）
現在は福井県あわら市吉崎に石碑がある。地元では「よっさき」とよばれている。

＊御文（おふみ）
蓮如の手紙。

慶」の主君義経を思う一心の大芝居に心を打たれ、そうと知りつつ見逃したあの「富樫」氏です。芝居にはありませんが、このあと、弁慶は、根上《ねあがり》の松の根に義経を坐らせ、疑惑の目をそらすための大芝居の打擲《ちょうちゃく》であったにせよ、その非礼を詫びました。その心中や、如何であったでしょう。そして一行は、奥州を目指し逃げ延びて行きました。その場所にはもう松はありませんが、その辺り一帯は、今も「根《ね》上《あがり》」とよばれています。石川県能美郡《のみぐん》根上町《ねあがりちょう》が、現在の地名です。

この「富樫」のお家騒動、兄弟の勢力争いから一向一揆は始まりました。加賀では一向一揆は、蓮如を中心とする浄土真宗本願寺派門徒が起こした一揆です。一時期、宗祖親鸞は、浄土真宗のことを一向宗とよんでいました。本願寺派であった農民自体が自ら一向宗と名乗ったために、一向一揆とよばれたようです。

最初、蓮如は富樫政親《まさちか》に味方して、蓮台寺城《れんだいじじょう》にいた弟、富樫幸千代《こうちよ》を討ちました。蓮如が政親に味方したのは、布教の保護が狙いでした。これが、加賀一向一揆の始まりといわれています。しかしこの後、政親は浄土真宗高田派に討たれてしまいます。加賀はこうして治める大名がいなくなってしまいました。この地は、この後約百年の自治となり「農民の持ちたる国」といわれました。

この自治体制を破ったのが、信長でした。本願寺派門徒は抵抗しましたが、最後は、白山のふもとにある「鳥越《とりごえ》」の砦で、最後の三百人余りが殺され、一揆は平定されました。この時、信長により、小松*は焼け野原になったといわれています。

当時小松のどこかに砦「本折城」があったとされていますが、事実、本折町にあった約四百年前、一揆平定後に建てられた造り酒屋「臼《うす》」家だった家屋を壊し、庭木を掘り起こした時、多くの焼けた石が発見されています。

ついで、本願寺派に異変が起きます。秀吉が本願寺十二代法王を継いだ教如《きょうにょ》を退任させ、弟の准如《じゅんにょ》を住職としたのです。加賀藩もこれに従って、准如に協力し、教如派を弾圧しました。ところが慶長五年（一六〇〇）の関ヶ原の戦い以後、今度は、家康は教如派を取りたてる

＊小松（こまつ）
現在の石川県小松市。一六三九年に利常が隠居し小松城に住むことになり、城下町となる。

ようになったので、利長も教如派を容認するようになりました。ついに慶長八年、幕府により本願寺派は東西に分立することとなります。すなわち、教如（大谷派）を中心に東本願寺、准如（本願寺派）を中心に西本願寺となり、両派は新たな教団となりました。こうして、現在に至っています。

この一向一揆の出発点となった、「蓮台寺城」のあったところ、現在の小松市蓮代寺町は、奇しくも、「古九谷」誕生の場としてこれから焦点を当てていく「蓮代寺」のことです。

蓮台寺は、江戸時代ごろから蓮代寺と書かれるようになりました。

（これ以降、本書では現在の地名と同様に「蓮代寺」と表記します）

加賀藩前田家の支配

一向一揆が平定され、鳥越城が陥落したのは天正十年（一五八二）のことでした。

翌年、藩祖利家が、金沢に入城します。浄土真宗本願寺派の地盤の上に前田家の支配がポンと載った形となりました。前田家は代々曹洞宗の門徒です。

加賀藩二代藩主、前田利長は、利家の長男として尾張国荒子で生まれました。

そして父と一緒に戦国の世を戦ってきました。正室は、織田信長の娘、永姫です。後に玉泉院とよばれました。

慶長三年（一五九八）、秀吉が亡くなり、翌年、父利家が亡くなると、秀頼の後見として豊臣方で五大老の一人となっていた利長は、利家の葬礼のために大坂を離れたことを家康に咎められました。この時期、五大老が地元に戻るとは、謀反の準備ではないかというのです。家康は覇権を狙い、何かと対立していました。

急場は家臣の弁明で切り抜け、この件の決着として、利長は母芳春院を家康に人質としてさし出すことになります。また、子のない利長は、すでに世継ぎとして養子にしていた弟、利常の正室に家康の内孫である珠姫を迎えることとなりました。婚儀は、慶長六年（一六〇一）七月、珠姫三歳、利常八歳の時のことでした。「珠姫様お輿入れ」の折には、江戸より金沢まで、道路を清掃し、橋を新たに掛け直し、一里ごとに茶屋を建てさせました。そしてお慰みにと、駕籠の前には銀の立烏帽子に朱の丸を付けた狂言師が頭を振り振り立ち踊り、その間に小謡や諸芸が披露されたといいます。

そして、前年の関ヶ原の戦いでは、利長は徳川方に付いて戦ったのでした。秀吉亡き後の混乱の中、藩の存続を守るためには敢えて戦うことをせず、穏やかにやり過ごした利長の決断であったといわれています。もっともこの時は、敵は主君秀頼ではなく、石田三成であるとの認識であったとされています。

慶長十年（一六〇五）、利長は家督を利常に譲り、富山城に隠居します。利常は、十二歳で加賀藩三代藩主となりました。利長は富山城が火事にあった後に高岡城を築き、そこに移ります。この高岡城は、築城の名人高山右近が自ら手掛けました。城は戦国時代の知恵の結集といわれています。

大坂冬の陣・夏の陣

こうして十年近く経ちました。慶長十八年（一六一三）暮れ、家康はバテレン追放令を出します。翌年この報せが加賀藩についた時は、正月の宴会中でした。藩士たちが、右近に自分たちのように、表向きの棄教をして金沢で穏やかに過ごしましょうと勧めたけれども、右近は、追放を選びました。高山右近には娘がおり、前年、家老の横山長《なが》知《ちか》の子康玄《やすはる》に嫁いでいました。しかしこの娘は、離婚して右近についてマニラへ行くことを選びます。右近の妻も、美少年で有名だった息子十次郎も家族で追放の処分に甘んじました。この時、右近は、その時いた宣教師トレスにひそかに、金沢に潜伏して布教を進めるように告げ、そのための方法を全て教えた、と『三壺聞書』に書かれています。

加賀藩は、他藩よりも厳しい禁教の高札を出したとされていますが、厳しければ厳しいだけ、幕府からは、よくやっていると思われたことでしょう。しかし、表向き棄教して、隠しあっているキリシタン藩士にとっては、かえって隠れ蓑になっていたかもしれません。

実際に、加賀藩には殉教の記録はほとんどありませんでした。

高山右近の追放から四カ月足らずで、病床にあった利長は薨去します。

この年の八月、「国家安康」が刻まれた方広寺の鐘銘事件*が起き、これがきっかけで十月には大坂冬の陣が勃発します。この時、二十二歳になった利常は徳川軍として真田丸で戦います。しかし、ここで味方に多くの死者を出してしまいます。自分を藩主にしてくれた兄利長を病で失い、その親友であり自分の藩政を十年間支えてくれた高山南坊をマニラ追放で失い、冬の陣では多くの死者を出し、慶長十九年は利常にとってはつらい年でした。

しかし、翌年四月に始まった夏の陣では、手柄をたて、世に認めら

＊方広寺の鐘銘《しょうめい》事件
豊臣秀頼がつくらせた鐘に「国家安康」という文字があったため、家康は自分の名を分割していると激怒、批判。慶長十九年の大坂の陣へ繋がり豊臣氏が滅んだ。

れます。この時、利常は、自分には命を懸けて働いてくれる家臣がいることを悟ります。兜首《かぶと》三二〇〇という戦功を得て、利常は参議*に昇進します。そして、この年、長男光高が誕生します。

政略結婚でありながら、利常と仲がよかった珠姫は元和八年（一六二二）、五女の出産後、亡くなってしまいます。二十四歳でした。参勤交代の利常を早く加賀に戻してくれるように、将軍である父秀忠に宛てた珠姫の手紙が残っているそうです。また、秀忠も利常をよくかばっていました。家康が亡くなる直前、見舞った利常に、「自分は何度もそなたを殺すように秀忠にいったが、秀忠はいうことを聞かなかった。そなたは秀忠にこそ恩義があるぞ」といったそうです。

珠姫が若くして亡くなったわけは、珠姫の傍に使えていた徳川方の侍女が、あまり利常が来ないように、産後の珠姫の体が弱っていると告げたため、利常は珠姫に会うことを控えていました。ところが、珠姫は利常が来ないのは、寵愛がなくなったためと思いこみ、悲しんで衰弱死したといわれています。事情を知った利常の怒りはいかばかり

＊参議
朝廷の最高機関、太政官（四等官制）の職の一つ。二階級目の次官（すけ）に属する。

だったでしょう。短い生涯で、世継ぎ光高をはじめ三男五女を利常に残した珠姫は、金沢では今もその名を知られ、お菓子にも名付けられて親しまれています。

そして、寛永八年（一六三一）は、利常にとって大変な年でした。岳父秀忠が病床にある折から、加賀藩謀反の噂が立ったのです。利常は光高とともにすぐに上京します。この時は、家老横山康玄の老中土井利勝への必死の弁明で、事なきを得ました。これは、「寛永の危機」といわれています。

噂となったわけは、この年、大坂の両陣において戦功のあった家臣への追賞を行ったこと、金沢城の火事による石垣の修理、新しく侍を召し抱えたことなどでした。

大坂冬の陣・夏の陣で戦功のあった家臣は、高山右近のいたころのキリシタン藩士たちです。利常はこのキリシタン藩士たちにやむなく、表向きながら、棄教を強要したことも忘れることはできなかったでしょう。このことが、古九谷の誕生に繋がっていきます。

利常の意図

高山右近がマニラへ追放された翌年の大坂夏の陣で、世に認められた利常でしたが、実際は部下の藩士の働きのおかげであること、その藩士は、高山右近を失ったキリシタン藩士たちであったことを、二十三歳の利常には忘れることはできなかったでしょう。時期を同じくして利常自身も同様に、自らが尊敬してやまない利長を失ったところでした。

十六年後、利常はこの時手柄を立てた藩士たちへの追賞を行います。大坂の両陣での恩賞に不満がくすぶっているところもあり、改めて武功穿鑿*し、追賞をしたのです。このことが、「寛永の危機」を招く一因ともなったのでしたが、この間に、利常はすでに利長が行っていた検地、戦乱後の治安回復、新田開発等の生産増強に加え、改作法を試しに行いました。そして「定免法《じょうめんほう》」という税制を考案しました。

＊武功穿鑿（ぶこうせんさく）
戦場での業績をくわしく調査すること。

これは、村ごとに村内の百姓が同じ税率で租税を納めることで、そのため検地を徹底し、田畑の良し悪しも考えあわせ、村の収穫量を決め、それに応じた税率を決めました。これによって、年貢の増加する村が多く、藩の財政は潤うことになっていきます。しかし、利常は、まだ表向きながら棄教させたことに対しては、藩士へは何もできませんでした。

さらに六年後の寛永十四年（一六三七）、いよいよ、利常が待っていた時がやってきました。利常は、そのころ日本にはまだない色絵の洗礼盤のことを考えていました。明の景徳鎮の万暦赤絵*のような、日本ではまだつくられていない色絵へのあこがれもあったでしょうが、同時に、当時は、禁教令のますます厳しい時でしたから、わざと、キリシタン大名たちと繋がりの強かった利休の「わび茶」の流れと正反対の「洗礼盤」を考えたのではないでしょうか。その心は、大坂両陣の功労者である、首頭を挙げたキリシタン藩士への償いでした。洗礼盤は、各人が死を迎えてそれまでの罪が許される洗礼に思い至る時、大

＊万暦赤絵（ばんれきあかえ）
景徳鎮でつくられた色絵の陶磁器。白磁と赤絵の併用が特徴。万暦年間（一五七三〜一六二〇）に制作された。

きな慰めを与えてくれます。

キリシタンは洗礼を受けて、キリシタンになります。その儀式は、キリシタンにとって最初の記憶です。そのための洗礼盤は、教会のシンボルともなり得ましょう。利常は、表向き転教した藩士たちのために、陰に陽に、巧妙に描かれたキリシタンのマークのある洗礼盤をつくらせました。しかし、信仰の有無や深さには違いがあります。利常は大坂の陣で追賞を行った藩士全てに、立派な色絵の平鉢を渡しました。どの藩士にとっても、それまで見たこともない美しい模様の巨大な大皿です。しかし、信仰の厚いキリシタン藩士には瞬時に、あるいは徐々に、キリシタンマークがわかり、洗礼盤とわかったことでしょう。これが利常の意図でした。「伝世品古九谷平鉢」とよばれるものに、あまり「赤」が使われていないのも「流血」への連想をさけたのかもしれません。

現在、「伝世品古九谷」とよばれ、残存しているものは、ある本によれば、三七五点といわれています。この中で洗礼盤と思われる「平鉢」がどのくらいあるのかわかりませんが、大坂の陣で利常とともに戦った藩士のうち恩賞見直しを受けた武士の総数は、『三壺聞書』によれば、三一二名です。

寛永十四年（一六三七）のこと

三月、有田皿山から日本人陶工が八二六名追放されたというニュースを利常は耳にします。実は当時、お隣の明国では、国が滅亡寸前でした。寛永二十一年（一六四四）、明は滅びてしまいますが、その前後、多くの陶工が亡くなったり、また、海外へ逃げたりしました。

当時、明では景徳鎮という焼物の産地が有名でした。これは、もともと官窯でしたが、国の乱れとともに民窯のほうの勢力が強くなり、時期によりいろいろなタイプの焼物が生まれていました。日本へも、伝わってきており、祥瑞*など、日本からの注文によるものもつくられていました。「古九谷」とよばれているものに近い、「万暦赤絵」とよ

*祥瑞（しょんずい）　一六二八～一六四四年ごろ、日本の茶人の注文によって中国の景徳鎮でつくられた染付磁器。鮮やかな青藍色模様が特徴。

ばれているものもあります。

さて、有田皿山に残ったのは、古くからいた李参平*のグループと百婆仙*のグループの千名ほどでした。李参平も百婆仙も、秀吉の朝鮮出兵の折に鍋島直茂とともに渡来した陶工たちです。李参平は、有田泉山で陶石を発見し、元和二年（一六一六）、日本で初めての磁器（白磁）をつくった人といわれています。

日本人陶工追放をいい出したのは、李参平でした。自分たちが、作陶を一手に引き受けたいと申し出たのです。当時は有田以外日本に磁器はなく、願いを聞き届けた佐賀藩は、日本人陶工追放を命じました。対象は日本人陶工というよりも、新しく住みついた者たちでした。朝鮮から連れて来たグループ以外、新しく住み付いた者全てを追放しました。実行したのは佐賀藩家老多久《たく》美作守《みまさかのかみ》です。しかし、その理由は森林保護のためとされました。関ヶ原の戦いや大坂の陣が終わって、世の中が平和になり、兵士も故郷に戻って来て焼物を始めたので、山々の木が燃料に使われ、山が荒れているというのがその理由とされ

＊李参平（りさんぺい）
?～一六五五　朝鮮忠清道金江出身の陶工。有田焼の陶祖といわれている。

＊百婆仙（ひゃくばせん）
一五六一～一六五六　慶長の役により陶工の夫とともに朝鮮から日本へ渡る。武雄市で陶磁器を制作し、日本陶磁の母といわれている。

ました。

皿山からの日本人陶工追放とされていますが、そのころ、日本人陶工は未熟で、李参平を脅かす存在ではなかったはずです。もし、すでに日本人陶工が磁器制作を会得していたものならば、追放を願い出るはずはありません。追放すれば、自分たちの磁器の利権は失われることになります。有田にしかなかった磁器が日本中に広まることになってしまいます。しかし、李参平は自分たちが独占したいと追放を願い出ました。その陰には、はるかに進んだ技術を持つ明、おそらく景徳鎮から逃れて来た陶工たちの存在が見えます。李参平たちより高度な技術を持ち、朝鮮にはない色絵の技術を持つ陶工たちです。この人たちの技術に鍋島藩が気付いたら、放り出されるのは自分たちとの危機感からの提案だったでしょう。

しかし、実際は、鍋島藩は色絵の技術を持つ陶工たちに気付いており、追放した中から、山辺田窯の傍の工房で、ひそかに色絵を焼かせることにしました。このことは、最近発掘された遺跡と化した色絵工房の存在から明らかです。非常に多くの色絵破片が出土したこと、また隣の山辺田窯の理由不明の閉窯、そして何よりも、藩にこの色絵の記録がないことは、当時海外各地で盛んだった密貿易が浮かび上がります。

丁度同じころ、この年六月、利常は藩士矢野所左衛門に長崎での買い物を命じます。矢野は供二人を連れて、加賀屋所左衛門という変名を使い、茶の湯のための中国の珍しい織物など大量の布を買い、戻って来て、小松蓮代寺での瓦焼きを命じられます。

布を買ったことと、蓮代寺で瓦焼きをすることの間には、「長崎で見つけた陶工たちを連れて」という部分が必要です。しかし、この部分は、当時の記述には見当たりません。矢野や同行者が変名を使うことに、すでに隠密裏であったことがうかがわれます。蓮代寺では、小屋掛けをして、瓦を焼かせたという記述がありますので、確かに、ひそかに連れ帰った一団がいたことがわかります。よそ者がいなければ、小屋掛けの必要はありません矢野所左衛門については、この長崎道中、不始末がありました。矢野は、買物のための金を盗まれそうになりました。未遂に終わりましたが、見つけた犯人は自分の使用人であり、さらに身柄を拘束していたにもかかわらず、逃げられてしまうという失態をしでかします。それにもかかわらず、利常からお咎めどころか、褒美に金子十両をいただいています。いつお咎めが来るかと親戚中で心配していたところ、あにはからんや、御褒美をいただいたのです。所左衛門ばかりでなく、同行二人にまで褒美を与えています。書かれていない「長崎で見つけた陶工たちを連れて来たこと」を利常がいかに喜んだかがわかります。

一連の動きは、この陶工たちが「隠密裡の作業」、つまり、利常の色絵「洗礼盤」制作に関わったことを示唆するものでしょう。

この瓦焼きは、名目は、小松城の屋根瓦制作といわれています。しかし、この時、利常の小松への隠居はまだ決まっていないどころか、将軍へ願い出るのも二年後のことです。ここにも、本命は瓦焼きではなく、別にあったことが示唆されます。

この年十月、島原の乱が勃発します。

寛永十五年（一六三八）のこと

島原の乱では、たった一人を残して、天草軍は全滅します。この残った一人は、山田右衛門作《えもさく》。天草四郎軍の旗を描いた絵師でしたが、藩に繋がっている手紙が見つかり、捕らえられてこの時は牢に入っていました。そのため、命拾いしたのです。乱は終結。この後、禁教令は日を追って厳しくなり、いよいよ鎖国は進んでいきます。島原の乱は、先導者はキリシタン天草四郎でしたが、実は島原藩の圧政に対抗するための一揆だったといわれています。

この年、利常は船で「大坂登せ米《おおさかのぼせまい》」を始めます。陸路は費用がかさむという理由でした。最初は津軽経由で、運んでいます。次に下関経由で大坂に米を運ぶことを試しています。そしてこのほうがより経済的とし、下関経由で大坂登せ米を始めました。

津軽経由航路は、今では距離が長すぎることは一目瞭然です。しかしそのころは、まだ地図が確かではなく、当時の地図を見ると、どちら廻りもほぼ同じ距離に見えます。津軽経由は本命の下関経由に落ち着かせるための替え玉役をうまく果たしたようです。

大坂まで米を運び、帰りは大坂で手に入る物産、ついでと見せかけて、下関もしくは伊万里港辺りで磁器素地も手に入れることができるようになりました。

これが、後に豪商を生む北前船《きたまえぶね》に発展していきます。松前藩は、鎖国中でも幕府のための公認の海外貿易港の一つでしたから、津軽経由航路はそれなりに魅力的だったはずです。当時の幕府公認海外貿易港は、長崎のほかに、松前藩、対馬藩、島津藩が持っていました。

寛永十六年（一六三九）のこと

利常は、将軍家光に隠居を願い出ます。まだ若い、と反対されますが、押し通します。

利常の隠居の決意は固く、反対する老中たちを相手に、大坂夏の陣での自分の功績まで引き合いに出して主張しています。その場は異様だったといいます。しかし、ついにお許しが出て、家督を嫡子光高に譲り八十万石、二男利次を富山に十万石、三男利治を大聖寺に七万石とし、三藩分治としました。自身は小松に移り、養老封として二十二万石をとります。これは利常の死後、五代藩主綱紀の持ち分に加わり、計百二万石となり、加賀百万石の誕生となっていきます。

寛永十七年（一六四〇）のこと

六月、利常、隠居のために小松入城。翌年、利治、大聖寺入城。

小松は、利常が七歳のころ、関ヶ原の戦いに際し、小松城主であった丹羽長重《にわながしげ》の人質として、一年足らず住んだところです。

この時代は、神社の造営、入城などは方角などにより、ふさわしい時期を選んで行われたものですが、この利常の小松入城はそれに適《かな》っていません。しかし、利常の建てた小松天満宮は、ふさわしい時期に沿って建てられており、この小松入城は、利常には急ぐ必要があったことがうかがわれます。

利家の四男である利常は、秀吉の朝鮮出兵の折、備前にいた利家の身の周りの世話をするために従っていた正室まつ（芳春院）の侍女お千代（寿福院）の子として金沢で生まれました。そして七歳まで、越中守山で異母姉幸姫（春桂院）夫妻*のもとで育てられました。

人質といっても、丹羽長重は利常に優しかったらしく、手ずから柿をむいて食べさせることもあったという利常自身の思い出話が残っており、また長重が小松城を去る時、これで殺されると思って、母と泣いていた利常の部屋に入ってきて、長重は、「お前はきっと、小松に戻ってくるのだぞ。この城は肥前（利長）にはやらん。お前のものだ」といって去った、という乳母の話が残っています。父と縁の薄かった利常の心には、まるで父の言葉のように思えたことでしょう。小

＊夫は前田長種（ながたね）

松に隠居したのは、この時の記憶からではないでしょうか。

　利常は、利家五十六歳の時の子であり、利家は亡くなる一年前に一度しか利常と会っていません。利常は五歳でした。三十一歳離れた兄である利長も、利常に会ったのは、関ヶ原より戻る途中小松に寄った時、七歳の利常を見たのが最初でした。それぞれ二人とも、幼いながら利常の風貌の強さに感じたものがあり、利家は気に入り刀を与え、利長はすぐに養子とし、後継者と決めています。これ以後利常にとっては利長が、父とも兄ともなり、全幅の信頼と尊敬と感謝を込めた存在になってゆきます。

　ちょうどこのころから、後の世で、由来不明で「伝世品古九谷平鉢」という名でよばれることになる謎の色絵大皿、つまり利常のつくらせた「洗礼盤」の制作の様子を垣間見ることができるようになります。その誕生を追っていきましょう。

第二章　三一二枚の追賞

「利常の洗礼盤」と「古九谷」

ここでいう「利常の洗礼盤」、つまり利常のつくらせた洗礼盤は、通常「伝世品古九谷平鉢」とよばれている直径約三〇～四〇cm余りの少し深さのある大皿をさします。「洗礼盤」は「洗礼」が行われる時に使われます。「洗礼」とは、キリシタンが信者になるための重要な儀式であって、頭頂に聖水がそそがれます。また、「洗礼」は亡くなる前にこれを受け、地上での罪をなくしてあの世に旅立つための儀式でもあります。

図2は、東京麴町にあるイエズス会聖イグナチオ教会の洗礼盤です。洗礼盤の形や材質の規定はないそうですが、図3は「利常の洗礼盤」と同じく焼物（備前焼）でつくられており、形も平鉢です。形は違いますが、焼物でできたキリシタン時代の洗礼盤が残っています。

図2　洗礼盤（聖イグナチオ教会ザビエル聖堂）村上晶子作

図3　洗礼盤（岡山県蕃山〈しげやま〉町教会）

利常は、大坂冬の陣・夏の陣で、自分のために命を懸けて戦ってくれた多くのキリシタン藩士へ償いと感謝の思いを色絵の洗礼盤で伝えました。

これら、「利常の洗礼盤」とは別に、一般に、「古九谷」といわれる茶碗、水指、小皿、中皿とか、香炉、壺もありますが、これらは、「利常の洗礼盤」と全く別に、明暦元年（一六五五）開窯とされる九谷村でつくられたものです。九谷村は大聖寺藩内にあり、この窯は三代藩主、利常の三男である大聖寺藩初代藩主利治により開かれました。そして、この窯は正徳六年（一七一六）ごろに閉じられました。

「古九谷」とは、『大聖寺藩史』に次のように書かれています。

文政六年十月、大聖寺の商売吉田屋伝右衛門領内九谷村に於て九谷窯を再興す。世人之を称して新九谷焼とよぶ。是より藩祖利治・第二世利明時代の九谷焼をよぶに古九谷の名称を以てすることゝなれり。

そもそも「再興九谷」は九谷村の窯が閉じられて約百年後、江戸末期に加賀藩により京都から名陶工青木木米《もくべい》がよばれ、金沢に春日山窯を開いて始まったものです。

こうして、江戸初期の「利常の洗礼盤」も、九谷村で焼かれた物も、公には同じく「古九谷」とよばれるようになりました。ひそかに「洗礼盤」をつくっていた明の陶工がいなくなっても、そこに配置されていた武士たちや下働きも絵付け作業ができたはずです。この技術は九谷村での焼物の絵付けに繋がっていったでしょう。九谷村での色絵は、久隅守景の描いたものもあることが記録されています。この人たちが、九谷村で焼物を焼き、それらは、当時は、「九谷焼」とよばれました。「大正寺焼《だいしょうじやき》」という名前も残っています。「大正寺」とは大聖寺藩のあった「大聖寺」のことです。禁教令下、キリシタンを連想させる「聖」の字を避けて、このように書かれたのではないかといわれています。しかし、これらも、やがて「古九谷」とよばれるようになってゆきます。

後藤才次郎と九谷村

「後藤才次郎」という名は、加賀ではよく知られ、九谷焼とは切り離せない伝説のヒーローです。こっそり有田に潜り込み、そこで結婚までして色絵技術を盗み、逃げ帰って古九谷の技術を加賀に伝えたとされています。この伝説そのものは、そのまま信じるには足りないようですが、伝説は、何かを伝えているものです。後藤才次郎という人が、「焼物の技術を遠くはなれたところから持ってきて、藩主利治のもと、九谷村を開窯した」ということは、史実に合っています。

八世紀、行基により開かれたという伝説を持つ加賀温泉郷の一つ、山中温泉は「〽山が高うて、山中見えぬ……」と民謡山中節にも歌われていますが、ここよりさらに一三㎞ほど山奥にある九谷村で、初代大聖寺藩主利治により九谷窯が開かれます。これは、田村権左衛門により神社に奉納された花瓶に書かれた明暦元年（一六五五）があることからそう考えられています。そしてこの九谷村の開窯と切り離せないのが、この後藤才次郎です。記録には、開窯には後藤才次郎と田村権左右衛門が関わったとされていますが、田村権左右衛門のことはよくわかっていないようです。

「九谷窯というものは、後藤才次郎という者が大聖寺侯の命を受けて対州へ行き、陶器を習った。加賀に帰って九谷という山で焼いたので九谷焼という」（大意）という江戸時代末期の記録が残っています。

ところで、この後藤才次郎は、実は三人いました。

後藤才次郎吉定、後藤才次郎忠清、そして後藤才次郎定次です。吉定は定次の父であり、忠清は吉定の甥です。この忠清は、二代大聖寺藩主利明から有田へ焼物修行のため派遣されており、伝説の後藤才次郎は、この忠清の可能性があります。しかし、伝説のあらすじは、実際は瀬戸の加藤民吉*の話として知られています。

後藤家は金工師の家系でした。

＊加藤民吉（かとう　たみきち）一七七二～一八二四　瀬戸村出身の陶工。窯元の次男だったため家業を継げず、天草、有田などで技術を学ぶ。晩年は瀬戸で藩主の染付御用達となる。

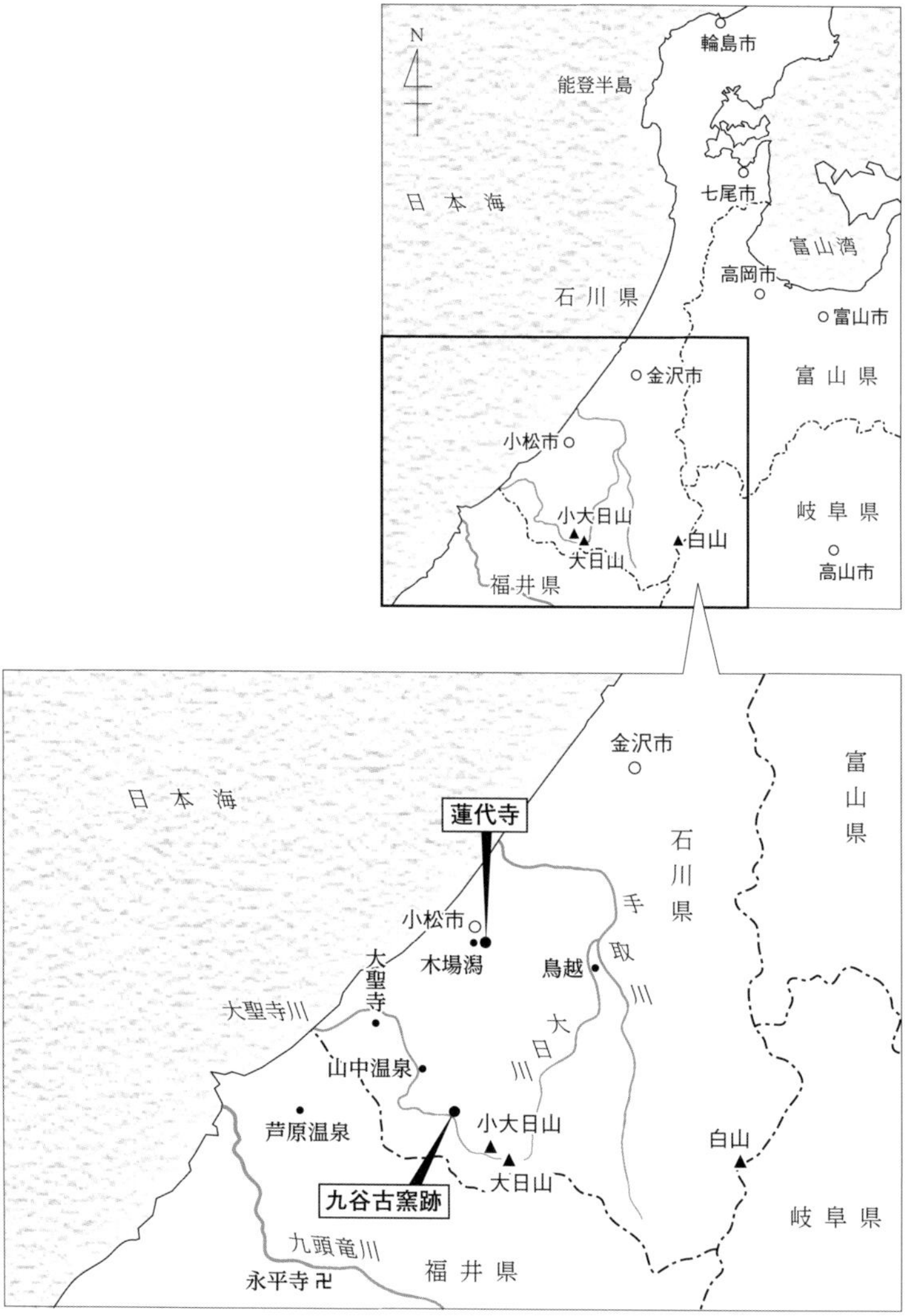
N
輪島市
能登半島
七尾市
日 本 海
富山湾
高岡市
石 川 県
富山市
金沢市
富 山 県
小松市
岐 阜 県
小大日山
白山
大日山
高山市
福井県
金沢市
富
山
県
日 本 海
蓮代寺
石
川
県
手
取
川
小松市
木場潟
鳥越
大聖寺
大聖寺川
大
日
川
山中温泉
芦原温泉
小大日山
白山
大日山
九谷古窯跡
岐 阜 県
九頭竜川
永平寺 卍
福 井 県

九谷村の九谷焼と深く関わるのは、才次郎「定次」です。

初代藩主利治が入城の折に、才次郎定次は利常の命により、大聖寺藩へ移されました。

大聖寺には、現在も本善寺の鐘に金工師としての定次の仕事が残っています。

しかし、利治の大聖寺入城の寛永十八年（一六四一）、なぜか、侍帳にその名はありません。おそらくそのころ加賀藩の山地で磁器のために鉱石を探しつつ、蓮代寺の瓦窯のそばで明陶工と一緒に素地づくりに試行錯誤を繰り返していたのでしょう。しかし、思うようにはいかなかった。そこで有田の山辺田窯の磁器大皿の移入に踏み切ったと思われます。そのころすでに山辺田窯で磁器大皿がつくられていたことは、長崎から連れて来た明陶工が知っていたと考えられます。その報告を受けて、利常は判断したのでしょう。

素地移入については、利常の海路での大坂への米の移出の試みが、大いに関係します。

すでに述べましたように、寛永十六年、利常は、初めて下関を廻る瀬戸内海航路で米を大坂へ運びます。海上輸送を試みたのは、陸上の米の輸送には経費がかさむから、との理由でした。船の輸送は、危険もありますが、米の輸送ばかりでなく、寄港先での売買で大きな儲けを生むことになります。そして実は、これにより大坂からの帰路、九州へ寄り、磁器平鉢を載せて帰ることも可能となったわけです。

色絵に要する顔料の入手も、船があれば好都合でしょう。顔料は絵画に使われるものであり、秘密にすることもなかったと思われます。

移入が決まった段階で、才次郎は、大聖寺藩に戻りました。寛永十九年のことです。これは、増えた石高の記録が、大聖寺藩にあることから判明します。金工師出身の才次郎は、主に磁器素地をつくるほうに奔走したと考えられるので、色絵制作に直接関与はなかったと思われます。

才次郎定次は山に戻りました。九谷村です。もともと金工師でしたから、磁器制作のための磁石《じせき》の鉱脈探しは、金鉱脈探しも兼ねていたと思われます。実際に才次郎が金を探したといわれる跡が四〇穴ほど見つかっています。

この九谷村は、才次郎のころは廃墟となっていたと思われますが、加賀藩になる前、一向一揆の時代には蓮如の四男、蓮誓が住んでいたところで九谷坊がありました。ここは、南方向に山を越えれば曹洞宗総本山永平寺*というところです。反対の方角の先には一向一揆最後の砦のあった鳥越*があり、白山のふもとの山谷の中にあって、山を越えての交通の要所でもありました。

才次郎は、明の陶工とともにこの九谷村で磁石を見つけていましたが、最初はうまくいきませんでした。その理由は、日本では、磁器を焼くための磁石、つまり「陶石《とうせき》」は、主成分が雲母で、可塑性があり、そのままでも磁器が焼けるのです。ところが中国では、磁器制作に「カオリン」を使います。おそらく陶工は明のやり方、つまり可塑性のないカオリン（主成分はアルミナ）と同じ扱い方をし、同様に陶土を混ぜたために、うまくいかなかったと思われます。これは、とりも

＊永平寺、鳥越の位置は55ページの地図参照。

直さず、長崎から加賀へ連れて来られた陶工は、やはり明の陶工だったことの傍証ともなります。日本で磁器を最初につくった有田の李参平の素地づくりは、「陶石」を使った独自の発明で、やはり特筆すべきものだったのです。

日本の「陶石」は、実は砥石《といし》のことで、実ははるか昔から、「砥《と》ぎもの」に使われていましたが、それで、磁器が焼けるとは、誰も思わないし、知らなかったのでした。

山辺田窯での素地は、磁器ですが、それを移入して使ったはずの「利常の洗礼盤」の素地の中に、半陶半磁という陶土が混ざったものがあることが指摘されています。これは、山辺田窯からの移入を決める前の、九谷の陶石を用いた才次郎と明の陶工の試行錯誤の素地づくりの産物と思われます。数少ない成功したものに、色絵を描いたものではないでしょうか。

才次郎は釜山へ

時間が経ち、「利常の洗礼盤」は藩士たちに行き渡りました。藩士の数は三一二名。つくられたのは、もう少し多いでしょう。その後、才次郎と明の陶工はどうなったでしょうか。

慶安三年（一六五〇）の大聖寺分限帳には、ふたたび、後藤才次郎の名がありません。そしてこの年、才次郎の名は、朝鮮、釜山に現れます。対島の陶工が九谷の後藤才次郎と一緒に釜山へ行ったとの記録があるのです。

この時、「利常の洗礼盤」を描き終えた明の陶工たちが才次郎と一緒に釜山に渡ったと考えられます。釜山から中国へ帰ることは難しくありません。陸路でも、また、船を乗り換えて中国へ行くこともできました。当時、国内は鎖国でしたが、ひとたび海へ出れば、海運盛んな時代でした。陶工たちは、褒美の「銀」をたっぷりもらって、「秘密」とともに意気揚々と本土へ帰ったことでしょう。当時の日本の

「銀」*（銀貨幣）は、貿易品でもありました。そのまま、通用したはずです。

釜山に渡った後藤才次郎は、翌慶安四年に加賀に戻ってきています。そして明暦元年（一六五五）までに、九谷村で九谷窯を開きました。田村源左右衛門とともに、「才次郎の九谷村」での作陶が始まったのです。

その後、万治三年（一六六〇）、後藤才次郎定次は、藩主利治の薨去に際して殉死する中澤久兵衛のところに駆けつけたが、会えなかったという記録があります。そして晩年は、縄を掛けられ罪人として市中引き回しとなった、あるいは、田村源左右衛門と一日違いで亡くなっていることから自然死ではないことが示唆されています。しかし、これを打ち消す記述もあり、晩年については、全く不明です。

＊銀　丁銀（ちょうぎん）のこと。江戸時代の銀貨。主に商取引で使われた。（動物の）ナマコ形で重さは四〇匁（約一五〇g）。「宝」「大黒」などの極印が打たれていた。重さが一定しないため豆板銀（一〜一〇匁）とともに用いられた。

「倭館」の釜山窯

鎖国令が出ていたのは、国内のことで、一歩外へ出れば、当時は多くの外国の船が往来していました。あちこちに多くの基地を東アジアに持つオランダ、ポルトガル、イギリス、フランス等の東インド会社の船、密貿易船、海賊船、朝鮮には私貿易というのもありました。これは、朝鮮から公認された市で、官吏の立ち合いのもとに売買されるものでした。

さて鎖国令下でも、対馬は幕府から朝鮮との貿易が許されていました。才次郎が陶工とともに行ったという朝鮮釜山には、「倭館《わかん》」とよばれる日本人居住地までありました。鎖国とばかり思っている人には驚きです。貿易港として、公に決められているのは長崎のみでしたが、実は、対馬藩と松前藩、島津藩は、幕府から外国との貿易が認められていました。対馬をさておき、なぜ、松前藩が認められていたかというと、松前藩で貿易に従事していたのはアイヌであり、貿易が禁じられているのは日本人であって、アイヌは日本人ではないからというのが理由とされました。島津は、琉球との関係からでした。

対馬では宗家が藩主でした。宗家と朝鮮の間には、お互いの地理環境のための長い歴史がありました。朝鮮王朝ができたころ、倭館は、朝鮮沿岸に出没する海賊や勝手に住み着く日本人や倭寇に対する朝鮮政府の対策に始まった、とされます。倭館は、いくつかあったらしいのですが、朝鮮政府は日本人居住地を決め、そこからは出ないようにしました。居住の目的は貿易でしたが、朝鮮の住人との間にトラブルが絶えず、衝突にまで進み、居住区が閉鎖されたこともありました。その後復活しますが、秀吉の慶長の役（朝鮮出兵）のためにふたたび閉鎖となります。秀吉の死により終わった最後の戦役に対する朝鮮の態度は当然厳しいもので、貿易再開は、今度は難しかったのです。

しかし、対馬藩には耕地が少なく、貿易がなくては、藩の維持が難しいという事情があります。必死の折衝を繰り返し、秀吉の役の時の朝鮮人捕虜を返すなどして努力したため、次第に、朝鮮側が変化を見せ始めました。

ついに慶長九年（一六〇四）、藩主の宗義智は朝鮮からの使いとともに征夷大将軍になったばかりの家康に会うまでに、こぎつけます。その後、家康は朝鮮通信使の復活を望むようになります。対馬の宗氏に対して、九州の飛地を与えたり、参勤交代は三年に一度という特権を与えたりして、正式な朝鮮との公認仲介者として交渉させました。その結果、慶長十二年、両国の講和が成立します。これに伴って、正式に釜山に「倭館」が設置されたのでした。対馬はその中間にあって、利を得ることができました。

朝鮮からの輸入品については、主に中国からの絹と薬品の朝鮮人参であり、日本からの輸出品は主に（丁銀）。明の陶工が、おそらくご褒美に国へ持参したのも、これだったでしょう。

寛永十六年（一六三九）、幕府がポルトガルの出入りを禁じ、オランダ東インド会社のみ長崎に出入りするようになった時、幕府は対馬に対して、中国からの生糸・絹織物の輸入量を拡大倍増するように要請をしています。このことから、オランダからのみでは十分な絹が入手できるか不安であった当時の幕府の姿を垣間見ることができます。このころのオランダ東インド会社を通じての日本の輸入品は、驚くばかりに、ほとんどが絹、そして輸出品は、銀です。日本からの貿易品に陶磁器が現れるのは、ずっと後のことです。

倭館には「釜山窯」とよばれる焼物がありました。これは、幕府が、対馬に注文し、釜山で焼かせたもので、焼物は「御本茶碗《ごほん》」（図4）とよばれました。その土は朝鮮側から提供されていました。この土の成分からは淡紅色の斑点が現れ、御本茶碗の特徴となっています。細川三斎の喜寿を祝うため、小堀遠州*が形を決め、将軍家光が手本の立鶴を描き、その絵を茶碗に焼き入れるよう注文したのが始まりといわれています。これも寛永十六年のことです。御本とは御手本《おてほん》の意で、後に宗家の御用窯となりました。

釜山窯は、享保二年（一七一七）に土の調達ができなくなり、閉窯となりました。

図4　御本立鶴茶碗（根津美術館蔵）

*小堀遠州（こぼり　えんしゅう）　一五七九～一六四七　江戸初期の茶人、武将。古田織部に茶道を学んだ、遠州流の始祖。才能は建築、造園、和歌、陶芸にまでおよんだ。

後藤才次郎定次が釜山へ行ったというのは、この倭館のことでした。そこで焼き物を習って、明暦元年（一六五五）の開窯に繋げたと思われます。伝説とは違い、後藤才次郎が習ったのは、有田ではなく釜山でした。釜山で素地のつくり方を学んで、九谷村で九谷焼を始めたのでした。

九谷村の色絵九谷焼

釜山から帰った才次郎は、九谷村で、田村とともに窯を開きます。窯のつくり方は釜山で学んできました。発掘によれば、九谷古窯は肥前のつくり方とされていますが、釜山窯も肥前から対州へ技術を持っていき、築かれました。従って、九谷古窯が肥前と同じ様式であるといっても肥前で学んだことにはなりません。

また、九谷村の発掘では、窯の対岸に絵付け窯の存在も見つかっています。ここでは、燃料は炭ではなく、薪だそうですが、秘密第一だった蓮代寺と違って、ここでは煙が出ても全くかまわなかったでしょう。炭をつくる手間は不要でした。

発掘された九谷一号窯跡（図５）からは、白磁や色絵素地用白磁だけでなく、染付、青磁、瑠璃釉*、灰釉*、大皿や中皿、小皿、つぼ、香炉、茶碗、水指、茶入れなど、いろいろなものの破片が出土しています。これ等は本来、破棄されたものです。特に、二号窯では、茶道具が主に焼かれていたことがわかるそうです。『臘月庵日記《ろうげつあんにっき》』に書かれている「水指」や「茶碗」の「九谷焼」は、まさしく二号窯で焼かれたものといえましょう。

『臘月庵日記』とは、利常に招かれて小松城に住み、茶の指導に当たった利休のひ孫千仙叟宗室が、筆頭弟子であった浅野屋次郎兵衛に記録させた茶会の記録です。仙叟は利常亡き後、金沢に移り、茶道（裏千家）を一般庶民にまで広めました。

九谷村の開窯以前にすでに存在し、そのため、すでに「古九谷」とよばれた「洗礼盤」は洗礼盤であるために、形も大きさもほぼ同じで

図５　九谷一号窯跡 d

＊瑠璃釉（るりゆう）
透明の釉に呉須（酸化コバルト）を混ぜた釉薬。深い藍色が特徴。

＊灰釉（かいゆう）
松、欅、竹、藁など、植物の灰類を成分とした釉薬。乳白色が特徴。

「水」の意匠が描かれ、陰に陽にキリシタンマークを持っていました。

しかし、九谷村では、もはや、何の規制もありません。何をつくってもよく、色絵付けに従事していた人は、自分自身の意匠ばかりでなく、それまでに知られていた模様や形式も真似て描いたでしょう。

そのため九谷村で焼かれた色絵に、キリシタンマークや水の意匠があっても、それは模様の単なるコピーにすぎません。描いた陶工がキリシタンマークとは思わず、知らずということもあるでしょう。「洗礼盤」の素晴らしさに、意図して真似たこともあるでしょう。九谷村でつくられ絵付けされた平鉢は、早期に手放され世に出ていた「利常の洗礼盤」と混同された可能性があります。

また、そのほかのいろいろな九谷村の色絵磁器も、当時は「九谷焼」として「古九谷」と分けて識別、記録されていましたが、そのうちに、みな「古九谷」とされていった経緯が、前出『大聖寺藩史』に見えます。これ等の九谷村の古九谷は、各家庭で現在も大切に保存されていると思われます。

九谷村で、色絵の破片がほとんど出て来ないのは、不思議ではありません。色絵は、描き直し、焼き直しができるので、失敗はあまりなく、よほどのことがない限り、普通は割って破片にすることはありません。それどころか、せっかく焼き上がったものは、何かで割れても、繋いで使うほど貴重だったのではないでしょうか?

九谷村の色絵窯跡の存在と、大聖寺に多く残る「古九谷」の存在そのものが、九谷村で「古九谷」がつくられたことの証です。

九谷古窯から二万点もの陶磁器破片が見つかったことはここで磁器が焼かれていたことを示しています。

図6は『九谷古窯跡発掘調査報告書』に掲載された発掘品で、高さ九・九cm、口径三三・五cmの白磁鉢です。

「古九谷平鉢」が世に出るのはもっぱら旧加賀藩からです。それも、家人は知らず、こんなものがあったという形で見つかることがあったといいます。家の奥深く隠されて、数百年眠っていたことは、つまりその家のご当主は信仰の厚いキリシタンだったことがわかります。す

図6　白磁鉢（九谷一号窯跡出土）
d

ぐに洗礼盤とわかり、禁教令下、秘蔵したのです。

早くから世に出回った「利常の洗礼盤」は、キリシタンマークを見破ることのなかった信仰の薄い武士の家の子孫より早々に手放されたものと思われます。

加賀藩の藩窯「越中瀬戸」

「加賀藩」と「古九谷」があまりに取り沙汰されてしまったために、あるいは九谷村での開窯が大聖寺藩主利治によるものだったために、あるいは、茶道の大樋焼*のために、すっかり陰に隠れてしまったものに、「加賀藩の藩窯」があります。

実は加賀藩には、二代利長のころにはすでにこの「藩窯」がありました。「古九谷」は本来秘密のものですから、表に出るはずもなく、こちらこそ押しも押されもせぬ「加賀藩の焼物」でした。利長は、尾張瀬戸から陶工小二郎らを招き、越中新川《にいかわ》郡上末村で、白土や薪など

＊大樋焼（おおひやき）
石川県金沢市の楽焼の脇窯。加賀藩五代藩主・綱紀の時代に茶の湯道具として発展。

を独占的に採取する特権を与えてこれを焼かせました。上末村は、上質な陶土が採れるところで、平安の初めより須恵器*を焼いていたところでした。少二郎らに始まる藩窯は、次第に陶工の数も増え、「越中瀬戸」とよばれて、江戸時代後期には三〇を超える窯元がありました。越中瀬戸焼の特徴は鉄分が少なく粒子が細かい地元の「白土」によるもので、焼くと薄くて軽い高品質な陶器（図7参照）になります。この藩窯では古来からの釉薬や技術を伝えていました。しかし、やがて、「磁器の流通」に押され、多くの窯元は瓦業に転じることになります。さらに、明治、大正になって、全てが廃窯しました。

しかし、昭和になって復興され、いくつかの窯が今も伝統的な陶器「越中瀬戸」を焼き続けています。

この「磁器の流通」こそ「再興九谷」のことでした。

＊須恵器（すえき）
古墳時代から平安時代までつくられていた陶質の土器。ろくろを使用、硬質、青灰色が特徴。

図7　越中瀬戸焼香炉（射水市　蓮王寺蔵）

再興九谷

前述の「再興九谷」は、その名が示す通り、「古九谷」「九谷焼（大正寺焼）」とは違うもので、現在の「九谷焼」に続くものです。江戸末期、文化四年（一八〇七）、加賀藩により、京都から京焼の名工青木木米が招聘されて、金沢の卯辰山《うたつやま》山麓で春日山窯を開き、一年ほど技術指導に当たったことに始まります。青木木米が連れて来た肥前島原出身の陶工本多貞吉は、青木木米が京都に帰ったあとも加賀藩に残りました。

本多貞吉は小松郊外で磁器が焼ける陶石を発見します。そしてここに窯を築いて、磁器を焼き始めました。この窯は、若杉窯とよばれ、後に加賀藩の藩窯となりました。この磁石は、「花坂陶石《はなさかとうせき》」とよばれて、現在も使われています。

本多貞吉の指導のもと、小松の粟生屋源右衛門《あおやげんえもん》が育ち、源右衛門の門下から九谷庄三、松屋菊三郎等多くの名工が育って九谷焼は大いに発展しました。

若杉窯を去った源右衛門は大聖寺の豪商吉田屋伝右衛門と出会うことになります。古九谷再興のために資材を投げ打った吉田屋伝右衛門の熱意のもと、吉田屋窯で、吉田屋風「青手九谷」が誕生します。吉田屋窯は、九谷村に築かれました。

図8は伝統的かつ繊細な意匠が特徴の吉田屋窯、図9は作風は多様で多くの窯を手本にしているといわれる若杉窯の今に残る作品です。大聖寺の豪商豊田伝右衛門によって九谷村に開かれた吉田屋窯はわずか七年で閉じられましたが、再興九谷の最高峰といわれています。

若杉窯は、花坂陶石を見つけた本多貞吉と、若杉村の庄屋、林八兵衛とによって築かれましたが、後に加賀藩が保護し、藩窯となりました。

この後、粟生屋源右衛門、松屋菊三郎の活躍は目覚ましく、数多くの窯に携わりました。

大聖寺藩では、慶応元年（一八六五）、京都から永楽和全*を招き、藩

図8　色絵蜃気楼文大皿（出光美術館蔵）a

図9　牡丹に獅子図鱠皿（石川県九谷焼美術館蔵）c

窯九谷本窯（山代温泉）で技術指導を得ます。和全は、六年間大聖寺にとどまり、様々な手法を伝えましたが、特に金襴手*とよばれる華やかな手法は、今でも九谷焼では「永楽」とよばれて伝えられています。永楽の金襴手の赤は、永楽家の秘伝の赤を使ったものでした（図10）。

明治になると、九谷庄三の作品は、海外の博覧会で大人気となり「ジャパンクタニ」の名で知られるようになりました。九谷庄三は並外れて巧みな筆致ばかりでなく洋絵の具を使い始めて、金の新しい彩色法を編み出しました。洋絵の具では和絵の具で出せない中間色を出すことができるといいます。

一方、松屋菊三郎などは、伝統的な古九谷風の優れた作品をつくり続けました。その後も九谷焼は多くの名工を出し続けます。

「古九谷」を再興しようとする九谷の諸窯の間では、優れた技術を持った陶工の移動が見られました。また京都や有田からの技術も取り入れられ、交流し、切磋琢磨されたものが、代々伝わって、現在の九谷焼に続いています。

*永楽和全（えいらくわぜん）
一八二三～一八九六　京焼の陶工。千家十職の焼き物師・善五郎の十二代目。

*金襴手
色絵の陶磁器に、さらに金箔などで模様を施したもの。

図10　金襴手雲鶴文馬上盃（石川県九谷焼美術館蔵）c

第三章　隠されたキリシタンマーク

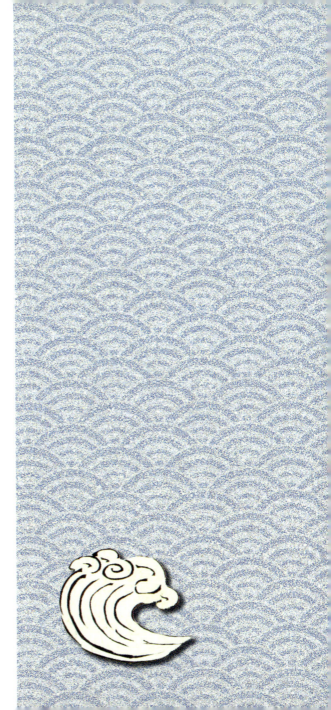

「伝世品古九谷平鉢」とよばれてきた「利常の洗礼盤」

「伝世品古九谷平鉢」の素地は磁器であること、それも有田山辺田窯で焼かれたものであることは、通説になっています。その山辺田窯の活動期間は寛永十七年（一六四〇）前ごろから慶安三年（一六五〇）初めごろといわれていますので、「伝世品古九谷平鉢」もそのころにつくられていることになります。

窯が、佐賀と加賀と離れていても、加賀藩には、船がありましたので、有田から運ぶことは、難しくありませんでした。加賀藩への移出が、佐賀藩の記録に残っていないことは当然です。「伝世品古九谷平鉢」は、禁教令下、隠密裡に「洗礼盤」としてつくられる予定のものでしたから、公にはできません。当時、盛んだった抜け荷（密輸）による入手が考えられます。

山辺田窯は、理由不明で慶安三年ごろに閉じられています。従って、素地がこの窯で焼かれていたとされる「伝世品古九谷平鉢」つまり「利常の洗礼盤」は、このころまでに、制作は終わっていたと考えられます。

この山辺田窯活動の時代は、ちょうど利常の小松での隠居時代の最初のころにあたります。「利常の洗礼盤」もこの時期に制作されていますので、何らかの形での利常の関与があったと考えられるでしょう。

「利常の洗礼盤」の素地と同じ窯の山辺田遺跡の色絵

古九谷は加賀産か有田産か、という論争は近年決着がついたとされています。しかし、そうでしょうか。

数年前、まだ山辺田窯の隣の山辺田遺跡が発見され、発掘が始まったばかりのころ、古九谷類似の色絵破片の出土が数十個であったころまでは、そうでした。二〇一八年の今では、千個以上の破片が出土していますが、色絵破片が多く出土すればするほど、実は、全く別の展開になっていきます。

なぜ、山辺田遺跡で古九谷酷似の破片が出るのかは容易に推察できます。

利常が矢野所左衛門を明の陶工のために長崎に派遣したころ、あるいはその前に、同様にひそかに佐賀藩でも追放した中で腕のよい色絵陶工を集め、山辺田窯の近くに工房の村をつくったと考えられます。加賀にまで伝わって来た「色絵情報」が、地元にないはずはありません。山辺田窯で焼かれた素地は古九谷と同じものということを考え合わせますと、そこに同じく明由来の色絵が描かれていれば、工房跡から出土した色絵破片が古九谷に酷似しているのは当然のことです。従って、これだけでは、古九谷平鉢が有田で絵付けされたとはいえません。

それよりも、山辺田遺跡の千個単位の出土破片が物語ることは、別にあります。色絵は描き直せること、焼き直せることから失敗はなく、意図して割らなければ、その破片はできません。山辺田遺跡では、なぜ意図して破片にしなければならなかったか、が問題です。

それは、この山辺田遺跡でつくられたものが、密貿易の商品だったからです。

では、なぜ、密貿易といえるでしょうか？

つい最近までは、有田の「柿右衛門」が日本で初めて色絵をつくったとされてきました。柿右衛門が色絵に成功したのは正保四年（一六四七）のことといわれています。つまりそれ以前の色絵は、有田に記録はなかったのです。

しかし、山辺田遺跡から発掘される大量の色絵破片の存在は、それ以前にここでは色絵がつくられていたことを物語っています。有田にありながら、有田では全く知られていなかったということです。記録もされず、つまり隠密裡に、山辺田工房で焼かれていたということは、当時、盛んだった「抜け荷」、つまり密貿易が考えられます。慶安三年（一六五〇）を過ぎたころ、何かで幕府に知られそうになり、素地を焼いていた窯（山辺田窯）と、工房（山辺田遺跡）は壊されます。でき上がっていた皿は全て壊し、破片にし、工房にいた陶工はどこかへ逃げました。あるいは、陶工を藩がかくまったかもしれません。山辺田工房跡は廃墟となり、遺跡となっていきます。この工房でできた大皿の色絵の完成品が有田に一点も残っていないのが、それを物語ります。一点でも残すことは、密貿易発覚に繋がります。発覚すれば、藩の改易（お取りつぶし）に繋がるでしょう。山辺田窯が慶安三年（一六五〇）ごろ、突然、理由不明で廃窯になったことも符合します。さらに、現在東南アジアに、山辺田窯でつくられたといわれる古九谷類似の大皿（図11-1、11-2）が残っていることも、交易、しかしながら鎖国下では密貿易、があったことを示しています。

「利常の洗礼盤」に見えるキリシタンのシンボル

現在に残る、古田織部や高山右近時代の鉢（洗礼盤）には「十字」などのキリスト教のマークと「水」を象徴すると思われる「波型の

図11 - 1　色絵草花文大皿（ジャカルタ国立博物館蔵）

図11 - 2　(11 - 1底面)

ゆらゆら」がデザインされ、描かれています（図12）。

同様に「利常の洗礼盤」にも、何らかのキリシタンマークと「水」が描かれています。

では、「利常の洗礼盤」に見られるキリシタンのシンボルには、どんなものがあるでしょうか？

まず「水」。水は、キリスト教のシンボルであるうえに、それによりそれまでの罪は消え、正式にキリシタンとなるための「洗礼」に欠かせません。

次に、いうまでもなく「十字」（シンボル①）。十字はキリスト教のシンボルです。イエス・キリストが磔られたものを表し、キリストの受難を表します。図12は、キリシタン時代の洗礼盤だったといわれているものです。十字と横に並んだ波（水）が見えます。そして「孔雀」（シンボル②）と「魚」（シンボル③）。シンボル③のマークは、魚のマークです。魚を意味するギリシャ語「イクトゥス」が「イエス・キリストは神の子、救世主」という言葉の頭文字からなりたっている

図12　象嵌十字紋俵形鉢
（神戸市立博物館蔵）

ことから、魚はキリスト教のシンボルとなりました。また「孔雀」は、孔雀の肉が死後も腐らなかったことから不滅のシンボルとして使われるようになりました。ただし鳳凰と混同されているようです。

「ばら」（シンボル④）は聖なる信仰、聖母を表します。「ばら」の代わりに「椿」等も使われました。

シンボル⑤は「エルサレム十字」。中央の大きな十字はキリスト自身、小さな四つの十字は四つの福音と地球の四方向を表します。合計五つになる十字はキリストの五つの傷を象徴しています。

シンボル⑥の「洗礼の十字」は再生のシンボルです。ギリシア十字＋とキリストの最初の文字X（キー）から構成されたものです。再生のシンボルであることから洗礼に関連づけられています。

これらに加えて「三」のモチーフがあります。花が三つ、山が三つなど。「三」は「父と子と聖霊」の三位一体を具現しています。

これらのシンボルはどれかが、「利常の洗礼盤」の絵柄に陰に陽に描きこまれています。普通は、これらの要素は複数描きこまれていいま

図13
シンボル①十字

図14
シンボル②孔雀
©pngtree.com

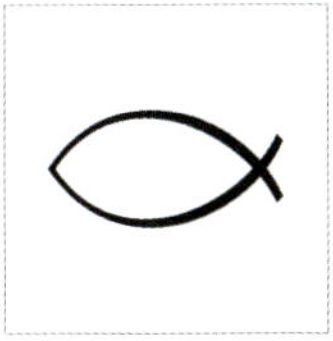

図15
シンボル③魚

図16
シンボル④ばら

図17
シンボル⑤エルサレム十字

図18
シンボル⑥洗礼の十字

す。

また、物の重ね合わせXは、頻繁に現れます。葉と葉、枝と枝の交差、ひょうたんとひょうたん、という具合に、です。Xは、ギリシャ語のX（キー）でキリストの頭文字であり、キリストを表します。

キリシタンマークの実例

キリシタンマークは、全く気付かれなければ、それはそれでよく、「利常の洗礼盤」は、ただただ見事な色絵です。

図19‐1では、中央に双鳥の交差（X）が見られ、孔雀が縁に四つあります。ひょうたん同士の交差（X、図19‐2）も見られます。

図20‐1では、不自然に曲がった松の幹でつくられた（魚）のマークが見られます（図20‐2）。下の岩は、色は違いますが、波（水）のようです。

図21‐1は、二羽の渡海兎の下には、白抜きで大きな魚が一見、波

図19 - 2（19 - 1部分）

図19 - 1　古九谷色絵百花双鳥図深鉢（石川県立美術館蔵）b

図20 - 2（20 - 1部分、白い囲みは筆者）

図20 - 1　古九谷青手老松図手鉢（石川県立美術館蔵）b

図21 - 2（21 - 1部分）

図21 - 1　色絵渡海兎文大皿（個人蔵）a

のような風情で隠れています（図21 - 2）。渡海兎は、江戸時代に好まれた日本のデザインです。日本の文化も取り入れられています。

図22 - 1の幾何学模様は、明らかに十字が見えますが、真ん中の十字の周りの一見、花を囲む枠（図22 - 2）は、小さな、「エルサレム十字」の集合体となっています。花も、実は相対する二羽の孔雀（鳳凰）です。ほかの枠の中には、波の模様も描かれています。洗礼の十字が続いたもの（図22 - 3）も、見えます。

図23は水に浮かぶ鳥が描かれており、縁には「洗礼の十字」が七個描かれています。洗礼の十字（図23 - 2）とともに一つだけ数の多い変形の洗礼の十字があります（図23 - 3）。この変形模様は、ほかにも多く見られます。

図24、25は、バラの花の代わりに牡丹または芍薬ですが、「三」のモチーフです。特に、写真25では、花のみならず、寄せる波も三つ描かれています。「三＝三位一体」を表しているといえましょう。図25の左端には尖った葉と花でつくられた十字が描かれています。

図22 - 1　古九谷色絵石畳双鳳文平鉢（石川県立美術館蔵）b

図22 - 2（22 - 1部分）

図22 - 3（22 - 1部分）

図22 - 4（22 - 1部 分、赤の印は筆者による）

シンボル⑥が、このように並んでいます。

図23 - 1　色絵蘆花水禽文蓮葉形大皿（出光美術館蔵）a

図23 - 3　（23 - 1部分）

図23 - 2　（23 - 1部分）

図25　青手土坡に牡丹図大平鉢（石川県九谷焼美術館蔵）c

図24　古九谷色絵牡丹文手鉢（石川県美術館蔵）b

「十字」などは一般によく使われる図案であり、また「三」は縁起のよい数字として一般に使われるもので、キリシタン由来とは、いいえないのではないか、というご指摘があります。

その考えは、隠れて信仰する者には、実はとてもよい考えで、より安全で、好都合です。そのようにいい逃れができます。

「利常の洗礼盤」の持つ使命は、見るものが見てわかればよい、という類のものです。

「利常の洗礼盤」は、こうして安全に、数百年、禁教令下、生き延びてきたのです。

意図して描きこまれたキリシタンマーク

「利常の洗礼盤」の一つのタイプとして、真ん中に人物絵の描かれたものがあります。

形は九角となっています。このような型でつくる素地の技術は当時

図26 - 1　色絵崖上人物文九角皿（個人蔵）g

図27 - 1　『八種画譜　唐詩五言画譜』「友人夜訪」 l

日本にはなく、明の陶工のヤンベタ窯での存在が示唆されます。絵柄は中国の『八種画譜』という書物の中の場面をもとにしているということがすでに研究されています。

皿（図26-1）の左上にご注目ください。原画（図27-1）にはない松と楓の木の交差（X）が描きこまれています。原画の三日月（図27-2）は飛ぶ鳥（図26-2）になり、報せを持ってくる鳩と重なります。水は直接描かれてはいませんが、岸部を思わせます。皿の縁には水を連想させる網目と、龍の頭二つで水がめを連想させる模様（図26-3）が見られます。水瓶の間に、鳳凰（または孔雀、図26-4）も見えます。

図28-1の橋げたにご注目ください。原画（図29-1）にはない横棒が付け加えられ、十字架になっています（図28-2）。また、原画の三日月（図29-3）が満月になっています（図28-3）。「円（○）」は永遠を表すキリスト教のシンボルです。

図30-1は、図28-1の皿と同じ原画（図29-1）からのものと思われますが、橋げたに十字はなく（図30-2）、縁飾りに孔雀が三羽描

図26-2（26-1部分）

図26-3（26-1部分）

図27-2（27-1部分）

図26-4（26-1部分）

図29 - 1 『八種画譜　唐詩五言画譜』「江邨夜帰」e

図28 - 1　色絵山水釣人人物文九角皿（ギメ美術館蔵）g

図28 - 3（28 - 1部分）

図28 - 2（28 - 1部分、黒い囲みは筆者による）

図29 - 3（29 - 1部分）

図29 - 2（29 - 1部分）

図30 - 2（30 - 1部分）

写真30 - 3（30 - 1部分、赤い囲みは筆者による）

図30 - 1　色絵渡橋人物文大皿（個人蔵）a

かれています。また松の幹に交差（X）が見られます（図30－3）。家は教会のシンボルでしょうか。禁教下の教会は民家に見せかけられていました。

図31－1は図32、33の『八種画譜』の二図が合成されて、皿に描かれているとの説があります。合成の結果、原画にはない蝶の触覚と牡丹の茎での交差（図31－2）、茎と茎の交差（図31－3、31－4）が見られます。

図34－1では、原画（図35）にはない木の交差（X）が中央に描きこまれています（図34－2のA）。岩の表現、花の数に「三」が見られ

図31－2（31－1部分）

図31－3（31－1部分）

図31－4（31－1部分）

図31－1　色絵牡丹蝶文捻皿（梅沢記念館蔵）e

図32　『八種画譜』「番椒」I

図33　『八種画譜』「牡丹」I

（B）、縁飾りには、さりげなく十字（C）も混じっています。

本書でいう「利常の洗礼盤」とは、いわゆる「伝世品古九谷大皿」で、「平鉢」ともいわれるように、実際は浅い大鉢です。一品ずつ、大きさや形は少しずつ異なりますが、ほぼ三〇cm以上で四〇cmを超えるものもあります。それだけで見事な色絵大皿です。

キリシタンでない人、信仰の浅い人々は、「利常」の思いのこもった「洗礼盤」ということに思い至ることはなく、単なる焼物と思い、料理を盛ったりしたでしょう。

その中で、写真34 - 1の「銅鑼《ドラ》鉢」とよばれる皿は、実は、二二cm余りしかありません。しかし、意図されたキリシタンマークが明らかであり、またほかの平鉢と同様に山辺田窯で焼かれたことがわかっているので、ここで「洗礼盤」に加えました。また、数は、やはり数点ですが、直径が三〇cmに少し足りない「台鉢」も同様に「洗礼盤」とみなしました。これらは、後に登場します。以上の九角皿および銅鑼鉢と『八種画譜』の比較については、ウェブサイト「近世日本陶磁器

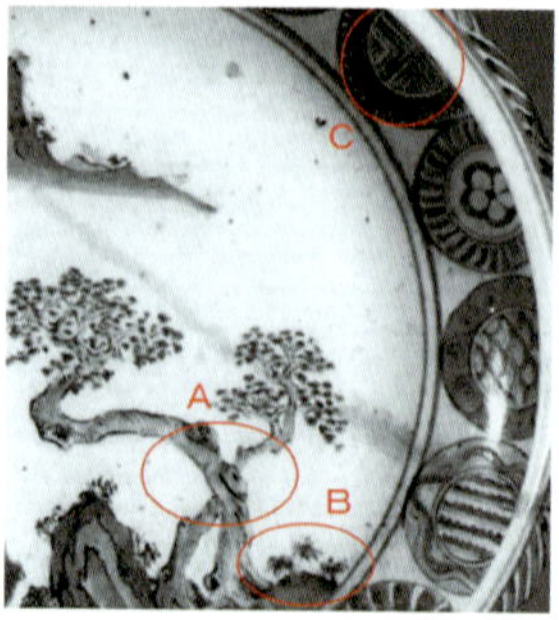

図34 - 2（34 - 1部分、赤の囲みは筆者）

図34 - 1　色絵山水船人物図銅羅鉢（東京国立博物館蔵）

の系譜」（中嶋敏雄氏）を参考にさせていただきました。

明代の書物『八種画譜』は、日本にも伝わり、出版されて、江戸時代にはよく手本とされました。寛文十二年（一六七二）には京都で唐本屋清兵衛、吉左衛門が、江戸では唐本屋太兵衛が版を出しました。「五言唐詩画譜」、「六言唐詩画譜」、「七言唐詩画譜」、「古今画譜」、「新鐫花詩譜」、「新鐫花鳥譜」、「梅竹蘭菊画譜」、「名公扇譜」の八冊からなっています。古九谷の手本は、その中の「五言唐詩画譜」からのものがほとんどである、と指摘されています。

おそらく利常は、「五言唐詩画譜」を持っており、絵付けをした人たちに渡したのでしょう。

図35 『八種画譜』「岸花」Ⅰ

巧妙に隠されたキリシタンマーク

図36 - 1は、「伝世品古九谷平鉢」として、最も有名な作品の一つです。元加賀藩家老の家から「こんなものがありました」という形で

世に登場し、そのまま石川県立美術館に寄贈されたという来歴を持つ作品です。その巧みな筆使いから久隅守景《くすみもりかげ》の作品ではないかといわれているものです。

久隅守景は、江戸時代の狩野派の絵師で、加賀藩には大いに縁のある絵師でした。守景は狩野探幽の弟子であり、才能を高く評価され、探幽の姪と結婚します。加賀藩には、承応（一六五〇年代半ば）から寛文にかけ九年間、また、延宝年間（一六七〇年代）に六年間滞在しました。最初の滞在は、利常に招かれ、利長の菩提寺である高岡の瑞龍寺内部の装飾のためでした。瑞龍寺には現在も、素晴らしい守景の襖絵や書院などが残されています。二度目は、娘の不祥事のため京都、狩野派を去り、金沢に滞在したのです。この時は、守景は藩の保護は得られず、富裕な町家に寄宿しました。その後は、京都に戻り晩年を過ごしました。

ここで「利常の洗礼盤」の時期を考えますと、この「布袋図」の絵付けは守景ではないと思われます。最初の守景滞在の時期にはすで

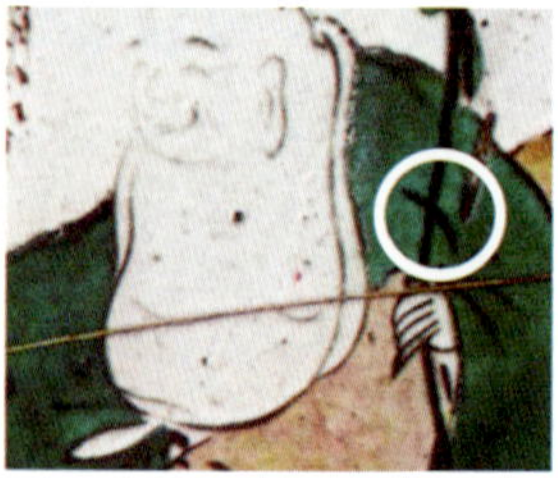

図36 - 2（36 - 1部分、白い囲みは筆者による）

図36 - 1　古九谷色絵布袋図平鉢（石川県立美術館蔵）b

に、「利常の洗礼盤」の素地をつくった「山辺田」窯は慶安三年（一六五〇）に閉窯していますので、守景が「利常の洗礼盤」に関わるのは、不可能です。しかし、「利常の洗礼盤」ではなく、後に、後藤才次郎が明暦元年（一六五五）開窯の九谷村でつくられた「古九谷」には、守景が描いたことが記録されています。

図36-1の布袋図にも、キリシタンマークが描きこまれています。布袋の持つ左手の杖にご注意願います。左手の指の少し上に、あたかも衣の襞《ひだ》であるかのように十字が描かれています（図36-2）。

この「利常の洗礼盤」の「布袋図」には、トリックがあります。布袋と巨大な穂を見ていると、目に入らない位置に十字架が描かれていることです。

同じようなことは、ほかの「古九谷平鉢」でも起きます。死角を使って、うまく隠されています。

図37-1において、中央の二羽の鳥を見ている限り、右手の松のて

図37-1　色絵花鳥図九角平鉢（石川県立美術館蔵）g

図37-2（37-1部分）

っぺん近くに止まっている青い鳥は視野に入りません。しかし、この鳥は明らかに、松の幹と交差（X）し、マークとなっています（図37-2）。

図38においても、右側の木の幹と交差（X）する黒い大きな鳥は、すぐ目につく白い部分を見ていると目に入らず、しばらくすると、その大きさに驚く形で浮き上がってきます。

図39では、右の梅の幹上に交差（X）する緑色の鳥は、一見、松の葉の集団と錯覚します。このように、一見わからないような形でマークが表現されています。松の下の岩のように見える部分は、色が違えば、波のように見えます。

マークの中で最も気付かぬ形でひっそりと存在するものに、「葉脈の交差（X）」があります。これは、布袋の十字（+）と同じくらい小さく、目立ちません。そのいくつかをご紹介します。

図40-1において、丹念に描かれた葉脈のうち、右上の一部分のみ細い格子状に交差（X）しています（図40-2）。このような葉脈は、

図39　色絵松竹梅紋大皿（出光美術館蔵）a

図38　古九谷色絵老樹に白雲図平鉢（石川県立美術館蔵）b

現実にはあり得ません。意図された模様とわかります。

図41-1では、左上の葉の葉柄と交わるように一本の線が描かれ、交差しています（図41-2）。またそれぞれの葉の先には小さな魚マーク（シンボル③）が付いています（図41-2）。この葉柄と交わる直線は、意図的でなければあり得ない線です。これは、形が平鉢でなく台の付いた鉢です。

図42-1では、葉脈の所々に、交差（X）するように、短い線がいくつか引かれています（図42-2）。これら葉脈の交差（X）は一番目立たないものです。ほかのキリシタンマークは、普通はいろいろなものが隠されながらもはっきりと見られます。対象にしている九〇点の色絵の隠された、または明らかなマークのパターンを分類してみたところ、次のようでした。

●十字（＋）　一六
●鳥と枝の交差（X）　七

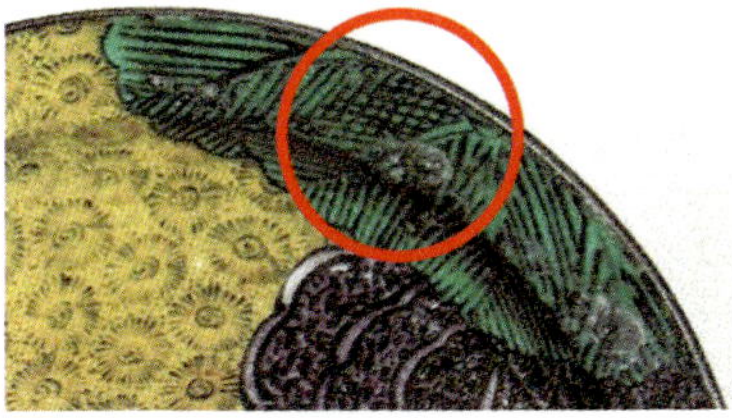

図40-2（40-1部分、赤い囲みは筆者）

図40-1　古九谷青手南瓜文平鉢
（石川県立美術館蔵）b

図41 - 1　古九谷青手椿図台鉢（個人蔵）f

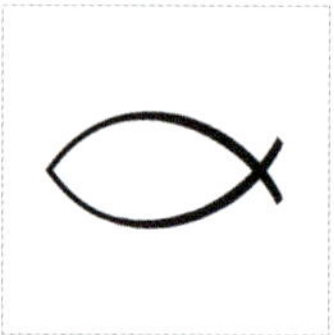

シンボル③

図41 - 2（41 - 1部分、白い囲みは筆者による）

図42 - 2（42 - 1部分、白い囲みは筆者による）

図42 - 1　色絵菊文大皿（出光美術館蔵）a

●エルサレム十字（枠の中に）三
●三のモチーフ　一二
●木の交差（X）一二
●木の葉の交差（X）一一
●洗礼の十字　五
●魚の表現　一〇
●水と教会　三
●いろいろな交差（X）三
●双鳥の交差（X）三
●波のみ　一
●葉脈の交差（X）四

（計九〇点）

一般に一鉢に、いくつかのマークが見られますので、ここでは、そのうちの一つを代表して数えました。マークのほかに、ほとんどの平鉢に波の意匠、水、海の意匠があります。

これら比較のために選んだ九〇点の「古九谷平鉢」は、石川県美術館『九谷名陶図録』、東京ステーションギャラリー『交流するやきもの 九谷焼の系譜と展開』、加えてブログ「近世日本陶磁器の系譜の中の古九谷山水図と八種画譜」と出光美術館紀要「肥前磁器と『八種画譜』」を参考にしたものです。

キリシタンマークのいろいろな隠され方

使われているデザインは、「X」と「+」、それに「三のモチーフ」、「魚」が多いといえます。加えて聖水を入れる器であるため、水、波、流れ、海、川、湖、池などが写実的、あるいは意匠で表現されています。

これらが、陰に陽に描き出されます。特に隠されている場合のその巧妙さをご覧いただきたいと思います。キリシタンマークは、一鉢にいくつか重なって、描かれていることが多い傾向があります。

図43 - 1　色絵瓜文大皿（出光美術館蔵）a

図43 - 2（43 - 1部分）

図43 - 3(43 - 1部分)

シンボル③

まず図43-1は、魚マーク（シンボル③）が沢山、蔓の中に隠れています（図43-2、43-3）。おわかりでしょうか？　それに瓜の葉は、本来三つ葉ではなく五葉です。全面の魚子《なな こ》模様は、魚の卵です。

図44-1も枝でつくる魚マークが中央に見えます（図44-2）。この花は一見葡萄を思わせる奇妙な花です。葡萄もワインがキリストの血とされることから、シンボルにふさわしい模様です。『ヨハネによる福音書』には、「わたし（キリスト）はまことの葡萄の木」から始まる節があります。

図45-1の真ん中に魚マークがあります。また滝の上で、手前の茶色の松の幹と後方青い松が交差Xをつくっています（図45-2）。

図46-1は、驚くべき手法です。

一見二見では、どこに交差Xがあるか全くわかりません。部分拡大（図46-2）をごらんください。背景と混ざりあって交差している一本の花があります。縁の模様は流水文（図46-3）になっています。これは、台鉢です。

図44-1　色絵花卉文大皿（出光美術館蔵）a

図44-2（44-1部分、白い囲みは筆者による）

さて次も交差Xの例です。

図47‐1では、左手下方に交差Xが見えます。ここでは、それとなく気付くように交差同士の色を変えてあります（図47‐2）。葉と葉の交差も見え、またよく見ないと気付きませんが、一本の線で表現された竹の花穂《かすい》と葉の交差も見られます（図47‐3）。

次の例（図48‐1、49‐1）は草の葉同士の交差Xですが、それとなく色を変えてあるところにご注目いただきたいと思います。勿論、色を変えてない例（図50‐1）もあります。

図48‐1は、「伝世品古九谷」として古来名高い鉢で、題材の鶉《うずら》や粟や麦は、旧約聖書にも登場しますので聖水を入れる器にはふさわしく思われます。色違いの葉の交差（図48‐2）も見られ、縁には、繋がったエルサレム十字（大きな十字の四隅に小さな十字）が見られます（図48‐3）。

図49‐2にも色違いの葉の交差が見られます。内側の縁はデザイン化された流水模様です。

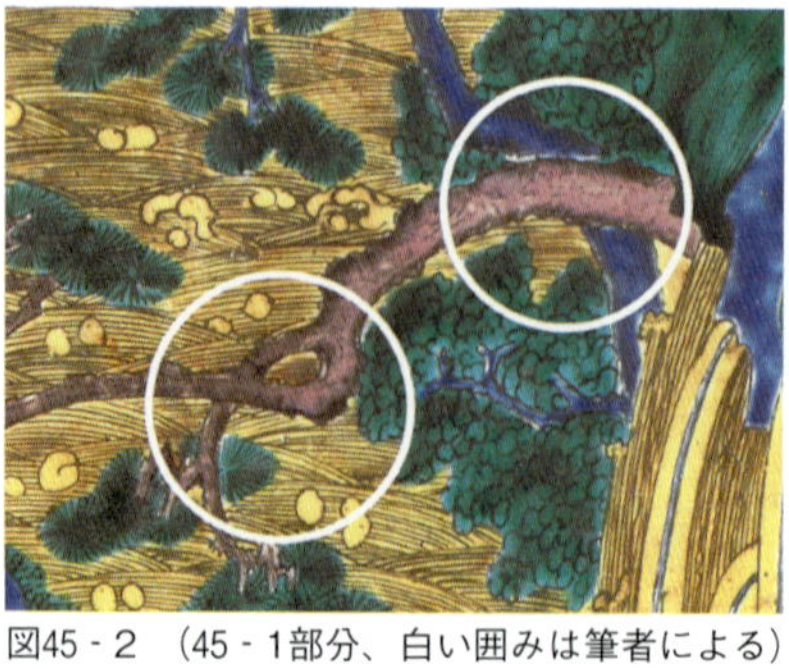

図45‐2（45‐1部分、白い囲みは筆者による）

写真45‐1　色絵山水文大皿（部分、金沢市立中村記念美術館蔵）a

図46－2（46－1部分）

図46－1　色絵雉文台鉢（出光美術館蔵）a

図46－３（46－1部分）

図47－2（47－1部分）

図47－3（47－1部分）

図47－1　古九谷青手竹文平鉢（石川県立美術館蔵）b

図50‐1では、葉の交差X（図50‐2）の傍に、曲がった菊の茎と葉茎で魚マークが見られます（図50‐3）。

図51‐1は、幹の交差Xです（図51‐2）。ここでは背景に十字も見られます（図51‐3）。

図52‐1は、縁が波唐草で飛沫があり、大きな水がめの中に景色が描かれています。幹を使った交差もあり（図52‐2）、上部には満月もあり、福音を告げるかのような鳥も描かれています（図52‐3）。縁の模様も三つです。

さて、十字は一番多く使われるマークです。

図53‐1では、植物の菱《ひし》の葉が広がり繋がっている様子、菱の実がついている様子がモチーフに見えます。菱は水に浮いている植物です。ここには家紋である「花菱」も描かれています（図53‐2）。中央には菱の葉が広がった様子で十字が描かれています。黄色の菱の葉には波しぶきをあげた波浪が描かれています（図53‐3）。

図54‐1の鶴は、狩野派の鶴だといわれています。スペードとハー

図48‐1　九谷色絵鶉草花図平鉢（石川県立美術館蔵）b

図48‐2（48‐1部分）

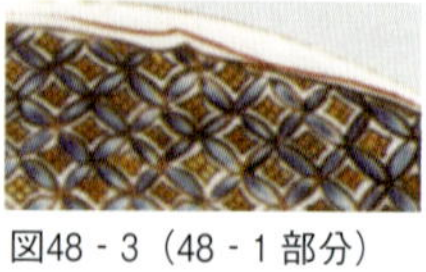

図48‐3（48‐1部分）

図49 - 2（49 - 1部分）

図49 - 1　色絵菊花文大皿（出光美術館蔵）a

図50 - 2（50 - 1部分）

図50 - 3（50 - 1部分）

図50 - 1　色絵菊文大皿（出光美術館蔵）a

図51 - 3（51 - 1部分）

図51 - 2（51 - 1部分）

図51 - 1　古九谷色絵松樹図平鉢（石川県立美術館蔵）b

ト（図54-2）は、トランプの模様ですが、スペードやハートが使われるトランプのカードはフランス式で、明治時代にならないと日本へは入ってきませんでした。江戸初期に日本へ入って来たトランプゲームは「天正かるた」とか「南蛮かるた」とよばれたものですが、別名「ドラゴンカード」とよばれるように、ドラゴン（龍）をモチーフにしたものでした。実はトランプゲームの起源は中国ともインドともいわれ、それがイスラム世界を通ってヨーロッパへ伝わったといわれています。明代の中国には、「客家六虎牌」というトランプゲームがあり、その中の「二」のカードには「スペード」が、「三」のカードには「ハート」が模様の一部として使われています。ここにも、明の陶工がいたことの証が見られます。明の陶工が、狩野派の粉本（お手本）の鶴をもとに描いたと思われます。

スペードの中は、ハートと青海波のような波模様です（図54-2）。同じ模様は、後で鳳凰の羽にも見られます。飛び鶴でも十字、そのバックも十字になっています。

図52-1　古九谷色絵壺割花鳥図平鉢（石川県立美術館蔵）b

図52-2（52-1部分）

図52-3（52-1部分）

図 53 - 3（45 - 1
部分）

図53 - 2（53 - 1部分）

図53 - 1　古九谷色絵華唐草文平鉢（石川県立美術館蔵）b

図54 - 2（54 - 1部分）

図54 - 1　古九谷色絵鶴かるた文平鉢（石川県立美術館蔵）b

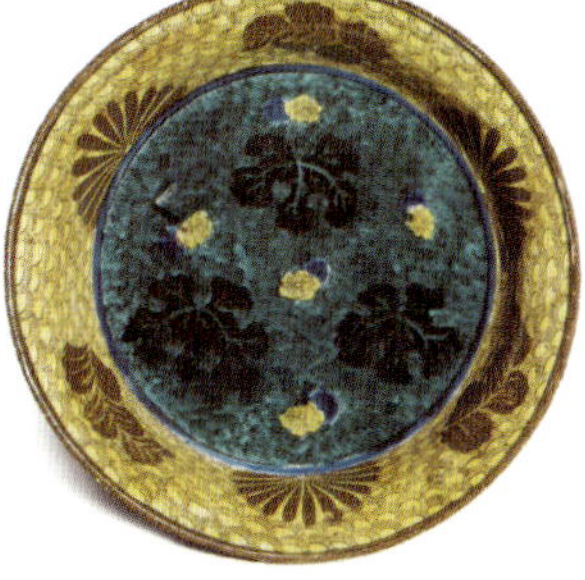

図56　青手見込梅花散文平鉢（石川県立美術館蔵）f

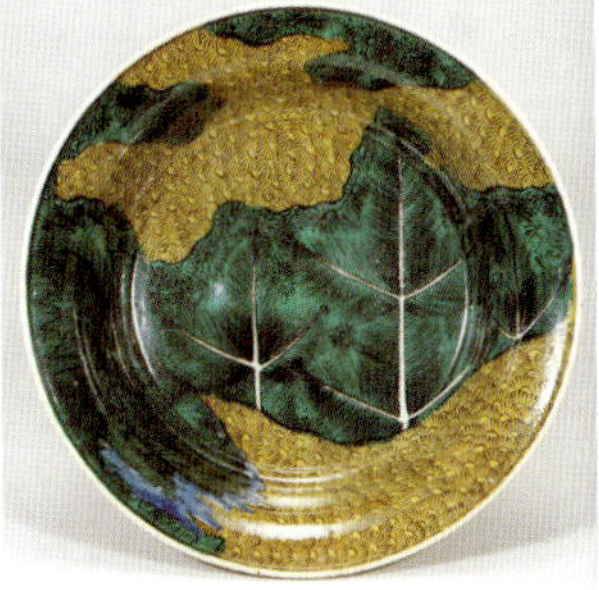

図55　色絵松樹文大皿（出光美術館蔵）a

図55は、三本の木に、どことなくゴルゴダの丘を連想させられます。左下の青い部分が「水」を連想させます。

図56は、黄色の花の位置から十字架が連想されると同時に、複数の「三」のモチーフにもなっています。縁は、青海波の変形、見込み部分全体が海を連想させます。

図57-1では、葡萄の葉が三枚、「三」のモチーフが使われています。その一つに隠れながら十字も見えます(図57-2)。縁は渦巻です。「三」の数は、日本でもよい数字とされてきており、よく使われていますので、いい逃れのできる安全なマークだったと思われます。

図58-1も「三」のモチーフです。団扇の模様は「波浪」です。うち一つが部分的に剝げていますが、黄色の釉薬は飛びやすい、と聞きました。つまり、これは、実は、完璧な作品ではありません(図58-2)。

しかし、加賀ではそういう場合も、割らずに大切に使っていたことがわかります。

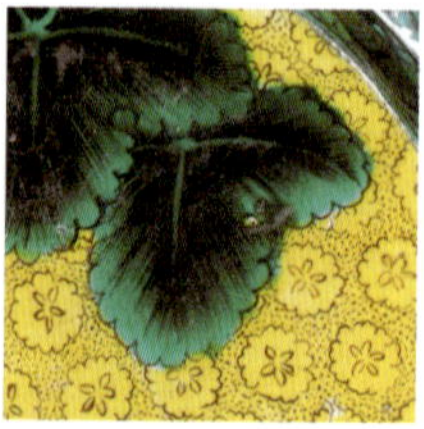
図57-2(57-1部分)

図57-1　色絵蔦葉文大皿(出光美術館蔵)a

郵 便 は が き

お手数ですが
切手をお貼り
ください。

１０２－００７２
東京都千代田区飯田橋３－２－５
㈱ 現 代 書 館
「読者通信」係 行

ご購入ありがとうございました。この「読者通信」は
今後の刊行計画の参考とさせていただきたく存じます。

ご購入書店・Web サイト				
	書店	都道府県		市区町村
お名前《ふりがな》				
〒 ご住所				
TEL				
Eメールアドレス				
ご購読の新聞・雑誌等			特になし	
よくご覧になる Web サイト			特になし	

上記をすべてご記入いただいた読者の方に、毎月抽選で
５名の方に図書券５００円分をプレゼントいたします。

お買い上げいただいた書籍のタイトル

本書のご感想及び、今後お読みになりたいテーマがありましたらお書きください。

本書をお買い上げになった動機（複数回答可）

1.新聞・雑誌広告（　　　　　　　　）　2.書評（　　　　　　　）
3.人に勧められて　4.ＳＮＳ　5.小社ＨＰ　6.小社ＤＭ
7.実物を書店で見て　8.テーマに興味　9.著者に興味
10.タイトルに興味　11.資料として
12.その他（　　　　　　　　　　　　　　　　　　　　　）

ご記入いただいたご感想は「読者のご意見」として、新聞等の広告媒体や小社Twitter 等に匿名でご紹介させていただく場合がございます。
※不可の場合のみ「いいえ」に○を付けてください。　　　　いいえ

小社書籍のご注文について（本を新たにご注文される場合のみ）

●下記の電話や FAX、小社 HP でご注文を承ります。なお、お近くの書店でも取り寄せることが可能です。

TEL：03-3221-1321　FAX：03-3262-5906
http://www.gendaishokan.co.jp/

ご協力ありがとうございました。
なお、ご記入いただいたデータは小社からのご案内やプレゼントをお送りする以外には絶対に使用いたしません。

図59には、鳥と枝の交差X、口縁部には、扇の交差Xが見られます。また、ほとんどに水、波、海などの表現があるようにここにも縁に波紋としぶきが見られます。

図60には、茶色で七個の洗礼の十字と一個の変形の洗礼の十字が描かれています。水鳥を書いた皿でも同様でした。緑の細長い葉のようなものは、多くの交差Xを持ち、水に浮かんでいるように見えます。

図61－1には、多くの変形の「洗礼の十字」が描かれています。「洗礼の十字」は、麻の葉模様に似ていますので、これもいい逃れができそうです。麻の葉は泥棒の風呂敷となぜか直結する唐草模様とともに、日本では古来吉祥文様でした。

図61－1では、一見、見えないのですが、見込みの真ん中近く、不自然な形で菊の茎でつくられた小さな魚マークがあります（図61－2）。意図しなければあり得ない構図です。皿の縁の模様には十字架を示唆する四つの黒色の菊花（図61－3）が見えます。これも台鉢です。

図62－1と63－1はともに変形「洗礼の十字」と葡萄のモチーフで

図58－2（58－1部分）

図58－1　古九谷青手団扇散文平鉢（小松市立錦窯展示館蔵）f

あることはいうまでもありません。図62 - 1の縁は、水紋です。葡萄は、キリスト自身のたとえです。「キリストは葡萄の木」という聖歌もあります。

隅っこに一つだけ「洗礼の十字」（シンボル⑥）に近いものをみつけました（図62 - 2）。ほかのものは、よく似ていますが、洗礼の十字ではありません。洗礼の十字は、ギリシア十字とキリストの頭文字Xを組み合わせたもので米印（こめじるし）に似ています。

図63 - 1でも葡萄と葉に隠れた「洗礼の十字」が一個見つかりました（図63 - 2）。

さて、図64 - 1の大皿は、背景を埋める独特の表現の波（図64 - 2）と家（教会）、三つの岩、縁の水紋が描かれています。

図65のテーマは家、つまり教会です。当時は普通の家が教会として使われていました。左手の木と枝の不自然な様子は大きな十字架の一部分を彷彿とさせます。

図66 - 1での一見単なる枠に見える六角形は、その枠にいろいろな

図59　色絵花鳥文大皿（出光美術館蔵）a

図60　色絵花卉文大皿（出光美術館蔵）a

図61－3（61－1部分）

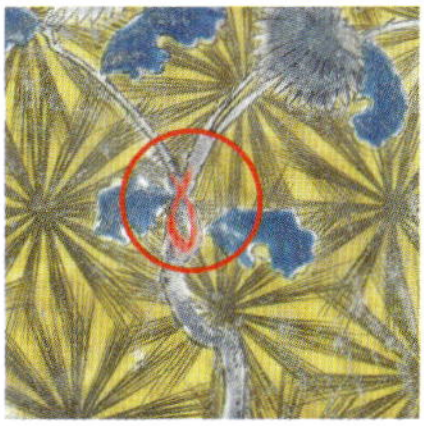

図61－2（61－1部分、赤い囲みは筆者）

図61－1　色絵菊文台鉢（出光美術館蔵）a

シンボル⑥

図62－2（62－1部分）

図62－1　古九谷青手葡萄文平鉢（石川県立美術館蔵）b

図63－2（63－1部分）

図63－1　色絵葡萄文大皿（出光美術館蔵）a

種類の十字架が描かれています。紅白の枠三つのうち、二つの枠の十字架はエルサレム十字になっています。つまり、大きな十字の四方に小さな十字があります。細い枠の中ですので、完全な形では見えないのですが、そのまま模様を延長すると、エルサレム十字が連なったものになっています（図66-2、66-3）。残りの一つの枠は、白い十字の連なりにも見え、また同時に赤い洗礼の十字の連なりにも見えます（図66-4）。このパターンは、ほかの幾何学模様でも使われています。しかも三つの窓それぞれに鳥と枝、獅子の脚と茎、葉と葉の交差が描かれています。そのほかの枠にも、十字が見えます。波模様も描かれています。

　考察の対象にしている九〇点において、六点を除き全てに描かれているのは、何らかの形の「水」です。水は「描かれていなくても、水を示唆しています。これは、ここでいう「利常の洗礼盤」が洗礼盤、あるいは聖水盤を意味していることの証といえましょう。

　この「水」の描き方にはいくつかのパターンがあります。次の項で

図64-1　色絵山水文大皿（出光美術館蔵）a

図64-2（64-1部分）

図65　色絵山水文大皿（出光美術館蔵）a

図66 - 3（66 - 1部分）

図66 - 2（66 - 1部分）

図66 - 1　色絵亀甲獅子花鳥文大皿（出光美術館蔵）a

図66 - 4（66 - 1 部分）

は、それについて見ていきましょう。

「利常の洗礼盤」に見られる水の表現のいろいろ

「水」の表現は次の五つのパターンに分かれます。

① 口縁部分に波の表現のあるもの　二〇
② 見込み部分に海の表現のあるもの　一二
③ どこかに、水、および水を連想させるもの（波紋、流れ、ひょうたん、網、舟、藻など）が描かれるもの　三〇
④ 全面を模様で埋めるもの　二一
⑤ 全く水、波表現のないもの　六

まず①から見ていきましょう。波の表現は渦巻、波紋が一番多く、波唐草もよく見られます。波唐草とは、唐草模様の先が波頭になっていて、玉しぶきが描かれるものです。

図67　色絵菊文大皿　部分（出光美術館蔵）a

図68　色絵蔦葉文大皿　部分（出光美術館蔵）a

図67と68は渦の表現です。

図69は波唐草、図70は青海波のアレンジです。

図71-1は、②の例で、見込み部分に海が描かれているものです。黄色い部分は青海波のアレンジ、縁は渦巻と波のデザインです（図71-2）。

図72-1も周辺は波のデザインで、二本線の間に波形が描かれています（図72-2）。緑色の渦で表現される海は、どこか魚の形を思わせます。海に浮かぶ三つの栗と葉は、魚をあらわしているようです。

③の例の図73-1では、蓮の葉を描くことによってその下に広がる池を連想させています。背後の幾何学模様には、枠の中に波唐草（A）、渦（B）、青海波（C）、Xが見られます（図73-2）。

④の例の図74-1は全面隙間なく模様のあるもの。実は、模様が何であろうと、これは「海」なのです。広辞苑で「海」を調べると、「あたり一面に広がったもの、また無数に多く集まっているのにたとえていう」とも書かれています。小さな模様が隙間なく描かれた大鉢

図69　古九谷色絵老樹に白雲図平鉢　部分（石川県立美術館蔵）b

図70　青手見込梅花散文平鉢　部分（石川県立美術館蔵）f

は、水、波がなくても「海」とたとえることができることになります。見本として挙げた図74‐1の小さな模様の海の前の万年青《おもと》の葉には、露（水）が沢山描かれています。ついでに根元に見える交差X（図74‐2）もお見届けいただきたいと思います。

⑤の例の全く水、波のないものは六点。とはいえ、そのうち四点は植物のみ描かれています。

これらの洗礼盤としてのほかの条件は十分です。また、植物は水遣りが欠かせないので、水を連想させます。

さてこれらを加えて八八点となります。

残る二つは図75と図76‐1で、これまで全く水の表現のないものに含めてきました。

これらは「対」であると図録『古九谷』（出光美術館発行）には書かれています。キリシタンマークは、図75にカボチャが三つ見えます。「三」のモチーフといえましょう。もう一方の図76‐1にはマークは、一見、見当たりません。しかし、そこには、葉脈と葉の縁を使って、

図71‐1　色絵蔦葉文大皿（出光美術館蔵）a

図71‐2（71‐1部分）

図72 - 2（72 - 1 部分）

図72 - 1　古九谷青手栗波文平鉢（石川県立美術館蔵）b

図73 - 2　A 波唐草、B 渦、C 青海波（73 - 1 部分、A～C の表記は筆者による）

図73 - 1　色絵蓮葉に菱文大皿（出光美術館蔵）a

図74 - 2（74 - 1 部分）

図74 - 1　古九谷青手葉蘭図平鉢（金沢美術工芸大学蔵）f

実に巧妙に「X」が隠されています（図76 - 2）。

全面のカボチャからも、広辞苑による「海」に、たとえることができるでしょう。カボチャの海です。

ある美術館の伝世品古九谷大皿の図録をクリスチャンの方にお見せしたことがあります。江戸時代の禁教下つくられたものであること、洗礼盤（聖水盤）ではないかと思うこと、なぜならその大きさと形と、絵柄にキリシタンのシンボルが描きこまれているから、と申し上げました。すると彼女の反応は、こんなに見え見えにマークがあるものがよく禁教下、つくられましたね、ということでした。

そうなのです。クリスチャンの方にはすぐシンボルマークが見えるのです。逆にいうと、信者でない者には何も見えません。キリシタンのシンボルが描きこまれているといわれても、戸惑うばかりでしょう。しかし、それこそ、利常の思う壺だったと思われます。教会を彷彿させる洗礼盤だと気付くキリシタンには、厳しい禁教令下、利常の思いやりがよくわかり、キリシタンではない者には、見たこともない美し

図75　色絵南瓜文大皿（出光美術館蔵）a

い色絵の大皿だったのです。

魚マークをつくったり、交差をつくったりするために不自然な枝の動きが多くありますが、魚マークや交差の意味するところに気付かぬ限り、かえってそれがこの色絵の特徴となっています。そしてそれが、古九谷平鉢独特の不思議な迫力や緊張感を生み出しています。

一掃された加賀でのキリシタンの影

クリスチャンの方々を除くと、現在加賀地方で生まれ育ったほとんど全ての人々は、かつてキリスト教が加賀と深く関わっていたという「知識」も「意識」も持っていません。加賀にはキリシタンの影はきれいさっぱり残っていないのです。これは、加賀藩の一般に対する厳しいキリシタン政策と、ある時までの「あるけれども、表向きはないものとする」隠しキリシタン政策が効を奏した結果でしょう。「隠忍韜晦」、隠し事は藩是、つまり藩がよいと定めた方針でした。

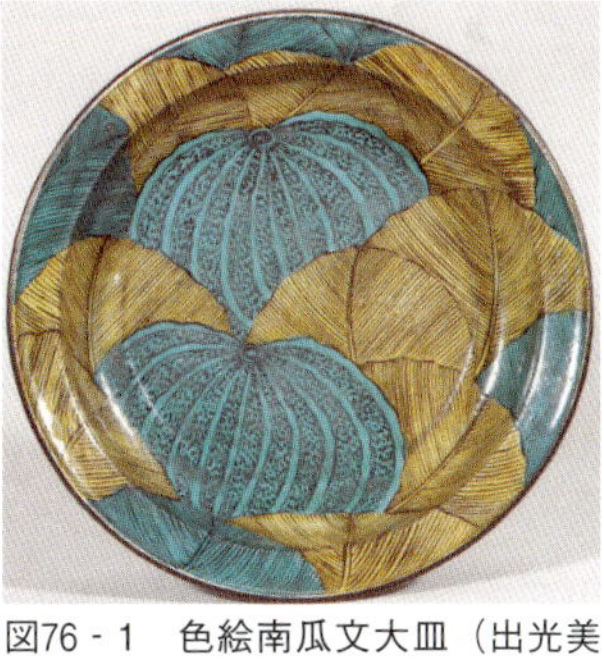

図76－1　色絵南瓜文大皿（出光美術館蔵）a

図76－2（76－1部分、白い線は筆者による）

さて古い記録を見ると、「類族」とよばれる人々がいました。地方により異なるかもしれませんが、これはかつてのキリシタンの子孫のことで、改宗後も男子六代、女子三代までが範疇に入ります。この子孫が亡くなると、晴れてキリスト教とは縁が切れたと認められたのでした。

加賀藩でも一般民のいくつかの類族の記録が残っており、それらは同様に、何某は類族とのことで取り調べを受けたが、帰宅後自害した、という顚末が書かれています。信仰があったのではなく、先祖の改宗の後の類族であるということを世間に知られたことが、特別視され、生きていくうえによほど不都合な時代になっていたようです。

「其の昔のキリシタン御吟味はころびければ事済みけるに、今程は御吟味にて、親の代にキリシタンにて子は他宗なれ共遁れがたし」と『三壺聞書』に書かれています。

江戸初期に、不明の第三者からキリシタンであると立札を立てられたために江戸によび出され、本人の主張にもかかわらず嫌疑が晴れず、そのまま江戸で病死した名門の武士、津田勘兵衛の例は、気の毒でした。昔は若者や伊達者が是非にとこの宗派になり、数珠などキリシタンの道具を身に着けて洒落込んでいたこともあり、勘兵衛も幼少のころそんなこともあったかもしれないことくらいで、ほかにキリシタンである何の証拠もなく、多分別件のうらみからの立札であったろう、と続けて書かれています。その後の加賀藩での、実は表向きだった禁教の厳しさが度を強めていき、それが社会に定着していったことがうかがわれます。実際に社会一般の風潮がキリシタンを社会からはずしていくようにまでなっていった結果、類族と世間に知れただけで自ら命を絶つようになっていき、やがてキリシタンに関する全てが加賀藩から消えていきました。

加賀藩においては、高山右近が去った後は、当然なことに、見かけの棄教と藩は知っているどころか、実は上下とも、自らの藩ぐるみの「隠しキリシタン」だったため、幕府に従ってその徹底のため、ほかの藩より厳しい禁教の御触れがなされ、賞金も出されました。

類族が絶えることを「根切り」といいました。加賀藩では、元治元年（一八六四）、かつて高山右近とともにマニラに追放された内藤徳庵の子孫が加賀藩に戻ってきて棄教し、類族となって以来ずっと監視されていましたが、この年に絶え、これで加賀藩は根切りとなったとされています。右近の追放後二五〇年のことです。

藩の存続のために、信仰の厚い者もそうでない者もキリシタン藩士は必死で信仰を隠しました。あるいは捨てました。

加賀藩では、公開の処刑など、殉教の記録はほとんどありません。ただ一件、右近に近かった鈴木孫右衛門とその家族、それに繋がる盲目の沢市夫婦の魚津での処刑が知られています。

類族の調査はキリシタンの調査と同じく、よく行われていました。

第四章　「洗礼盤」の誕生と利常の守り

長崎から来た明の陶工

「利常の洗礼盤」の素地は、山辺田窯で焼かれ、隠密裡に加賀まで運ばれました。その後どこで色絵が焼かれたのでしょう?

山辺田窯は九谷古窯の開窯以前に閉窯していますから、「利常の洗礼盤」は、九谷村で焼かれているはずがありません。九谷村は九谷坊という一向一揆の勢力下で栄えた村でしたから、十五世紀半ばには廃村になっていました。

色絵窯は小さくて室内にも置けるので、「伝世品古九谷平鉢」は、大聖寺藩邸の中で焼かれたという説があります。室内ということではさもありなんですが、「利常の洗礼盤」という隠密裡でなければならないことを考えますと、藩邸は、人目が多すぎるのではないかと思われます。

九谷焼関係のどの年表にもある「矢野所左衛門は長崎への御買物の

あと、蓮代寺で瓦焼を仰せつかった」というこの一文は、不可解な文章です。武士が長崎で大量の布を買って、帰藩後、瓦を焼くというところで文意が繋がりません。大量の布の買い物のあとに、「陶工を何人か雇い入れ」という一文が、いつの時代かに抜けているようです。この陶工とは、色絵の技術を持つ「明」渡来の技術者であれば、謎は全て解けます。折しも寛永二十一年（一六四四）、明は滅亡するのです。何かの理由で、国を逃れて来た陶工は多くいたことでしょう。

「明」の景徳鎮では、当時、未だ日本のどこにもない華やかな色絵が焼かれていました。利常は、その色絵で洗礼盤をつくって、大坂冬の陣・夏の陣で戦った武士たちへの追賞にすることを考えました。大坂冬の陣・夏の陣で戦った武士たちは、高山右近の教えを受けたキリシタンでした。右近の追放とそれに続く厳しい禁教令下でひっそりと生活してきた人々でした。キリシタンならば、戦乱の中で起きたことも死に臨んで洗礼を受ければ、天国へ行けると、利常は知っていたと思われます。利常は、幕府との繋がりから、大恩人であり、キリシタンを保護していた兄、利長の意図に反することしかできませんでした。しかも、大坂夏の陣の手柄により自分が世に認められたのは、そのキリシタンであった人たちの働きのおかげでした。

矢野が蓮代寺に陶工たちを連れて来た時、利常は小松に隠居することを考えたのではないでしょうか。実現に向けて動き出した危険な追賞づくりを他人任せにはできず、見届けたかったのでしょう。

瓦焼の蓮代寺とは

蓮代寺というところは、その昔天台宗中宮八院の一つ、蓮華寺《れんげじ》の門前町として成立したといわれる古い歴史のあるところです。その後、室町時代には足利一門の渋川氏の所領となり、そのころは野代《のしろ》庄とよばれていました。そのうちの蓮臺寺村は蓮臺寺に寄進されていることから蓮臺寺は渋川氏の菩提寺であったとされています。一向宗が勢力を持つと渋川氏は寺を所領である備後国御調別宮八幡庄に移しました。

現在、広島県三原市八幡町にある蓮台寺（浄土宗）が加賀にあった蓮臺寺と考えられています。

また、ここには加賀の守護であった富樫氏の居城、蓮台寺城がありました。富樫兄弟の勢力争いに蓮如が加わったことが発端の、加賀の一向一揆が始まったのは、文明六年（一四七四）、この蓮台寺村でのことでした。これ以後、信長が平定するまでのおよそ百年間、加賀は守護のいない浄土真宗門徒の自治区だったのです。江戸時代辺りより、蓮代寺と書かれるようになりました。

蓮代寺村は瓦によい土が出るということで、昔から有名です。利常は小松城のための瓦をここで焼かせました。蓮代寺の燻瓦《いぶし》は小松城の屋根を飾っていたのです。

蓮代寺村は木場潟*という湖の傍にあり、隣の三谷《さんだん》村には、よい船着き場が同じところに平行して二カ所並んでいました。ここから出た舟は今江潟《いまえがた》、梯《かけはし》川へと進み、浮城とよばれた小松城と直結していました。また、そのまま進み梯川を進めばすぐに日本海へ出ることができ

*木場潟（きばたがた）
木場潟の位置は55ページの地図参照。

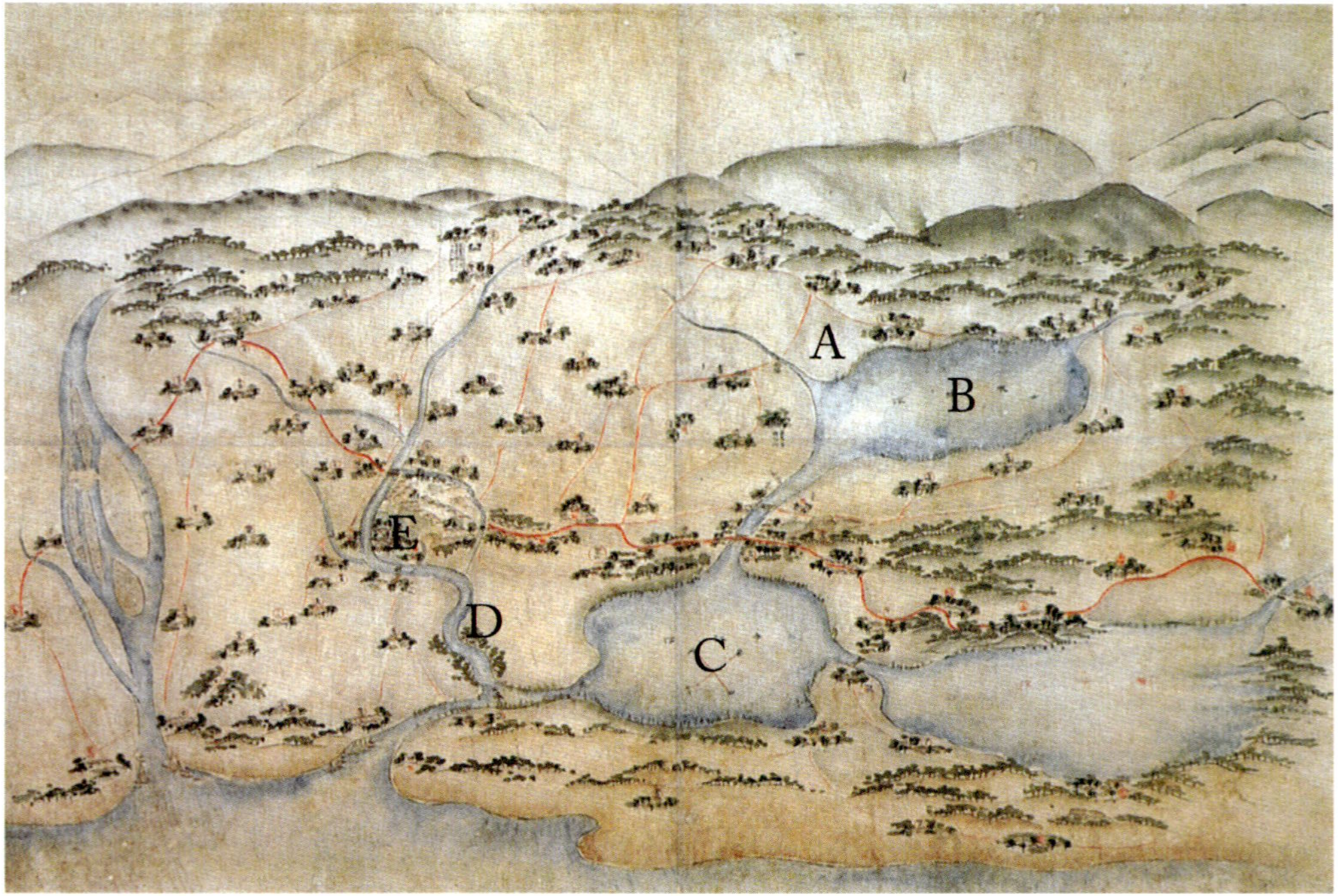

図77　浅井畷合戦事蹟絵図（北川正信氏蔵）A蓮代寺　B木場潟　C今江潟　D梯川　E小松城
（1803年ごろ描かれたもの、A～Eの位置表記は筆者による）m

きました（図77参照）。金澤の宮腰港へは近く、宮腰から金沢城までは、直通の道がつくられていました。

蓮代寺へは、有田から運ばれた素地も、連れて来た明の陶工たちも、誰に見られることもなく、安全に着くことができたのです。

蓮代寺の飛地

矢野所左衛門とともに蓮代寺に着いた明の陶工たちは、どこで、瓦焼をしたのでしょう。

「小屋掛け」をしたとの記録*がありますので、明の陶工が来たことには、間違いありません。よそ者が来なければ、小屋掛けする必要はありません。

実は、ぴったりの場所が蓮代寺にあるのです。ここが一番古い瓦焼窯のあったところだという場所がわかっているのです。ここでしばらくは、瓦を焼いていたでしょう。

＊『三壺聞書』『越登賀三州志』。

そのすぐ近くに、お隣の三谷の村の中に「蓮代寺の飛地*」とされる場所があります。この飛地は、ミステリアスなところで、今に至るまで、蓮代寺の住人も、三谷の誰も、この飛地について知っている人はいなかったのです。誰が住んでいたのか、いつからある飛地なのか、全く不明でした。この不明であること自体が、実は「利常の洗礼盤」誕生の鍵だったのです。

代々蓮代寺にお住まいで、町誌のまとめに携わっておられた竹内清臣氏に、長老の方からのお話のまとめ、近隣の資料の掘り起こし等による調査結果をお教えいただき、地図をご提供いただきました（図78）。

それによると、この飛地には名前があり、「海老町分《えびちょうわけ》」とも「出村《でむら》のさんまい」ともよばれて来ました。蓮代寺には、昔からこの「名前だけ」が残っており、その意味を誰も知らなかったそうです。

まず、「海老町」とは、利常が小松隠居の折、金沢から連れて来た武士たちを住まわせた町のことです。ということは、「海老町分」の意味は、その一部分ということで、武士の住んでいたところということ

*飛地
行政区画内などで、土地の一部が離れた領域にあること。

とになります。しかもこの飛地が利常の時代にできたものだとわかります。また、「出村のさんまい」については、「さんまい」とよばれる場所は、実は小松にもう一つあって、そこは現在、共同墓地になっています。そのため、蓮代寺の方々は、きっとこの飛地にはいつの時代か、墓があったのだろうと思っていたそうです。ところが、この「さんまい」は、小松市立博物館の古い地図によれば、利常の時代の四軒の武家屋敷跡の名前であることがわかりました。つまり「出村のさんまい」もやはり、利常のころの武家屋敷があったということを示しています。

さらに、この飛地の境界に沿っては「みぞきわ（溝際）」とよばれ、昔は川が流れていたことも確かめられました。ここからは、三谷の船着き場は目と鼻の先です。

さらに驚くことは、蓮代寺には、名前だけが残っており、どこにあったのか、その場所不明の「倉屋敷《くらやしき》」とよばれる建物があります。もう、疑いもなくこれは、飛地にあった武家屋敷のことだとわかります。

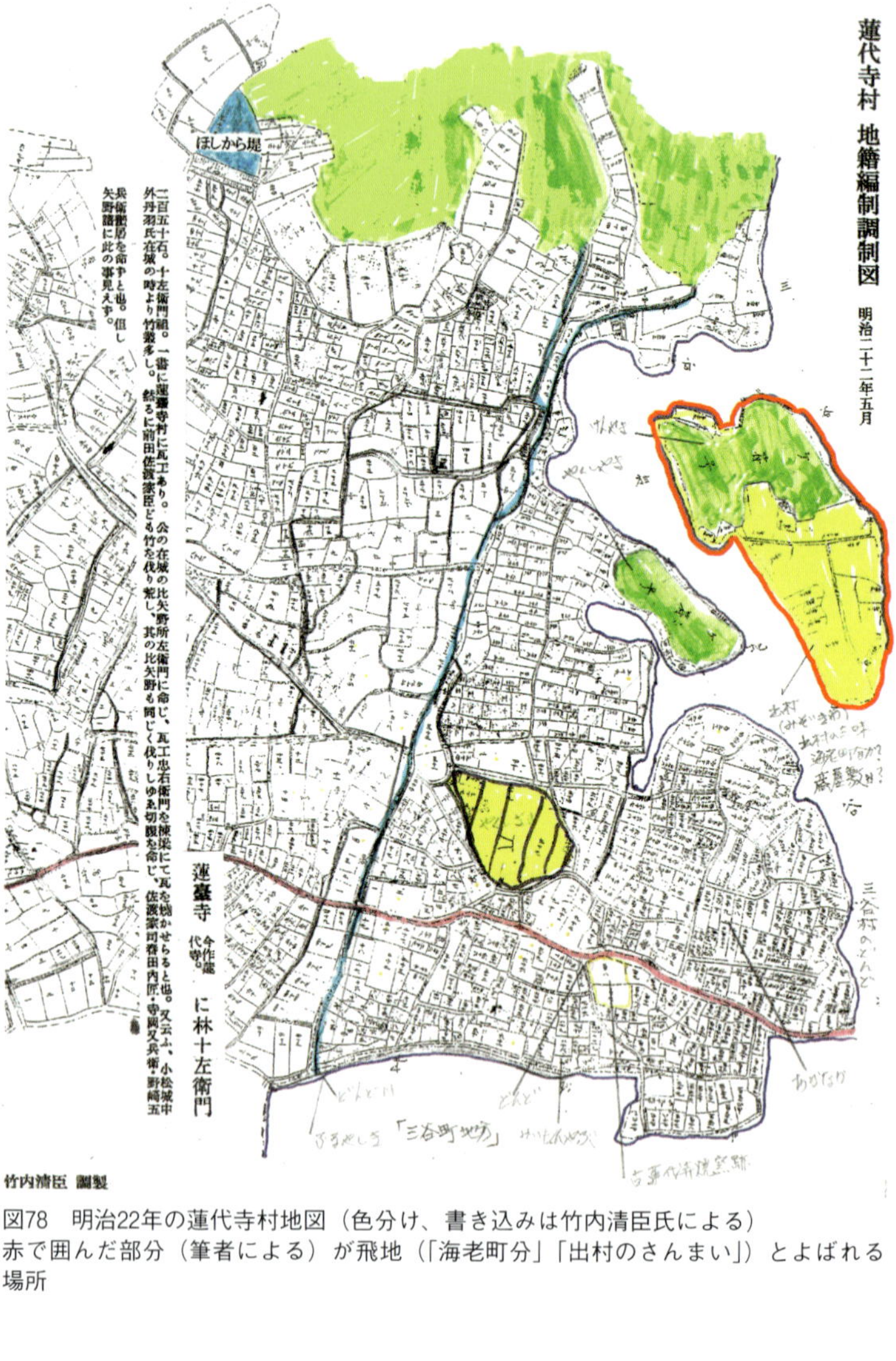

竹内清臣 謹製

図78 明治22年の蓮代寺村地図（色分け、書き込みは竹内清臣氏による）
赤で囲んだ部分（筆者による）が飛地（「海老町分」「出村のさんまい」）とよばれる場所

しかも、重要なことは、この屋敷には「倉」が付いていたことです。

「利常の洗礼盤」の誕生地は、蓮代寺の飛地

色絵を焼くためには、窯と燃料が要ります。飛地では絵付窯は誰に知られることもなく武家屋敷の中に置けました。では、燃料の手配はどうでしょう。というと、これも蓮代寺は万全でした。山奥からの炭のルートの一つに当たっているのです。そして、炭は倉屋敷内の「倉」で、確保しておけます。

景徳鎮では、絵付け窯の燃料として炭を使っていました。飛地で炭を確保していることは、やはり明の陶工による技術であったことを示すとともに、炭だと煙が出ないことから外部からは絵付け窯の存在はわからず、さらに好都合だったと思われます。

蓮代寺飛地は、隠密裡に「利常の洗礼盤」をつくるためには、完璧な場所でした。まず、飛地の周りは三谷でしたが、三谷は、当時、重

臣小幡氏兄弟の二家と五〇〇石堀三郎兵衛が船着き場を含め、三谷の村全体を屋敷としていました。つまり、小幡氏は飛地（蓮代寺）で起きたことの責任は問われませんが、屋敷内にはよそ者は入れず、動きは全て把握できたというわけです。

小幡氏は利常の生母、寿福院の所縁による親戚です。小幡下野、宮内兄弟は、寿福院の異父弟宮内の子にあたります。母の再婚により寿福院は、小幡家で育ちました。宮内、下野は、利常にとっては、従弟にあたります。そして堀三郎兵衛は、下野、宮内の実妹を室に迎えており、これ等の人々への利常の信頼は第一だったでしょう。

ここで「色絵誕生」までをイメージで辿ってみましょう。

まず、内密に入手した山辺田窯の「素地」は、商人の小船で伊万里沖に停泊した加賀藩の船に運ばれます。大坂登せ米の帰りの船です。見つかりそうになった時には、「素地」を海に捨てることもできます。船は加賀へ向かって日本海を北上、梯川に入る前に、沖で「素地」を小舟に移します。小舟はそこから今江潟、木場潟に入り、三谷の船着き場から陸路で、あるいはそのまま、「みぞきわ」に沿った流れに入り、荷を飛地に下ろします。陸路でも数百メートルのところです。無事、飛地の倉屋敷に入った「素地」は、色絵を施されるということになります。

「利常の洗礼盤」の誕生を守った武士たち

利常が小松へ入城してのち、寛永十九年（一六四二）の「小松侍帳」（図79）からは、「洗礼盤」の秘密を守るための配慮がよくわかります。

「小松侍帳」には、利常が金沢から小松へ連れてきた侍の石高とともに、住んだ町名が書かれています。あの矢野所左衛門も、一五〇石取で松任町に住んでいます。このころは、後に裏千家を開いた、

寛永十九年小松侍帳

●寛永十九年四月廿七日小松従傳諸侍姓名居宅地名之記

一五千五百石　牧嶋　前田内藏允
一三千三百石　三ノ丸　前田權佐
一九千七百石　三ノ丸　青山將監
一五千石　海老町口　永原左京
右御面々より御關所通切手裏書出る
一七千石　三ノ丸　寺西若狹
一六千石　三ノ丸　山崎長門
一五千石　御馬出　前田平太夫
一七千石　三谷　小幡下野

一三千石　三谷　小幡右京
一三千石　海老町　富田越後
一三千石　海老町口　奥村右兵衛
一千七百石　海老町　前田七郎兵衛
一三千百石　枇杷嶋　竹田市三郎
一三千石　中土居　古市左近
一三千石　枇杷嶋　品川左門
一貳千八百石　枇杷嶋　永原大學
一貳千五百石　竹嶋　松平治部
一貳千五百石　泥町　成田半右衛門
右御人持
一貳千六百石　御馬出　湯原八之丞
一貳千石　霞嶋　九里覺右衛門
一千八百石　枇杷嶋　長屋長五郎
一千七百四拾石　枇杷嶋　別所三平

図79　石川県図書館協会「加賀藩初期の侍帳」より

若かりし千仙叟宗室も京都から招かれており、城内三の丸に住んでいました。

三谷には、小幡下野七千石、小幡右京三千石と書かれています。小松でも最高位に近い二人が船着き場しかない三谷にいたことは、いかにこの場所が大切だったかを示しています。ここに住むもう一人の武士、堀三郎兵衛も五〇〇石でした。

さて、この侍帳に、町名でないところが四カ所あります。「炭倉」と三つの寺です。この四カ所に武士が配属されています。「炭倉」は、いうまでもなく、「飛地」のことと察しがつきます。ここになんと三人も武士が置かれています。千石富田《とだ》吉蔵、二〇〇石菊池市左衛門、そして与力衆河口久左衛門です。

「小松侍帳」に蓮代寺という名はありませんが、別の記録には、蓮代寺には、林十左衛門が住んでいたことが書かれています。* 蓮代寺には、現在も「ふるやしき（古屋敷）」という地名が残っています。おそらく、慶安三年（一六五〇）ごろ、「利常の洗礼盤」の追賞が終了した

＊「一六四〇年林十左衛門は利常と一緒に小松へ行き、蓮代寺にある」と『越登賀三州志』に書かれています。しかし一六四二年の「小松侍帳」には蓮代寺も林の名もありません。

後、蓮代寺のこの「古屋敷」に、林十左衛門が配置されたと思われます。あるいは、すでに古屋敷に住み飛地を見守っていたのかもしれません。このころまでに、飛地はもぬけの殻となり、飛地の倉屋敷は武家屋敷跡「さんまい」になったと思われます。

船着き場を守る武士、制作場を守る武士、そして、もう一つ、でき上がったものの保管場所を守る武士が必要です。それも、侍帳で、見つけることができます。

利常は、小松に隠居する時、小松辺りに散在する寺を城の近くに集めました（図80参照）。門徒の住むところと寺が離れているために、人々の動きができ、町が活性化すること、小松城を見せ、ずっと一向一揆の自治下にいた人々に、時代が変わったことを認識させること、そして、実は本当は、平野の真ん中にあって隠れる場所もない小松で、万一の時には兵士を隠しておくことができるように、各寺を小松に集めたといわれています。

この数ある寺の中で、たった三寺に、武士が配置されています。こ

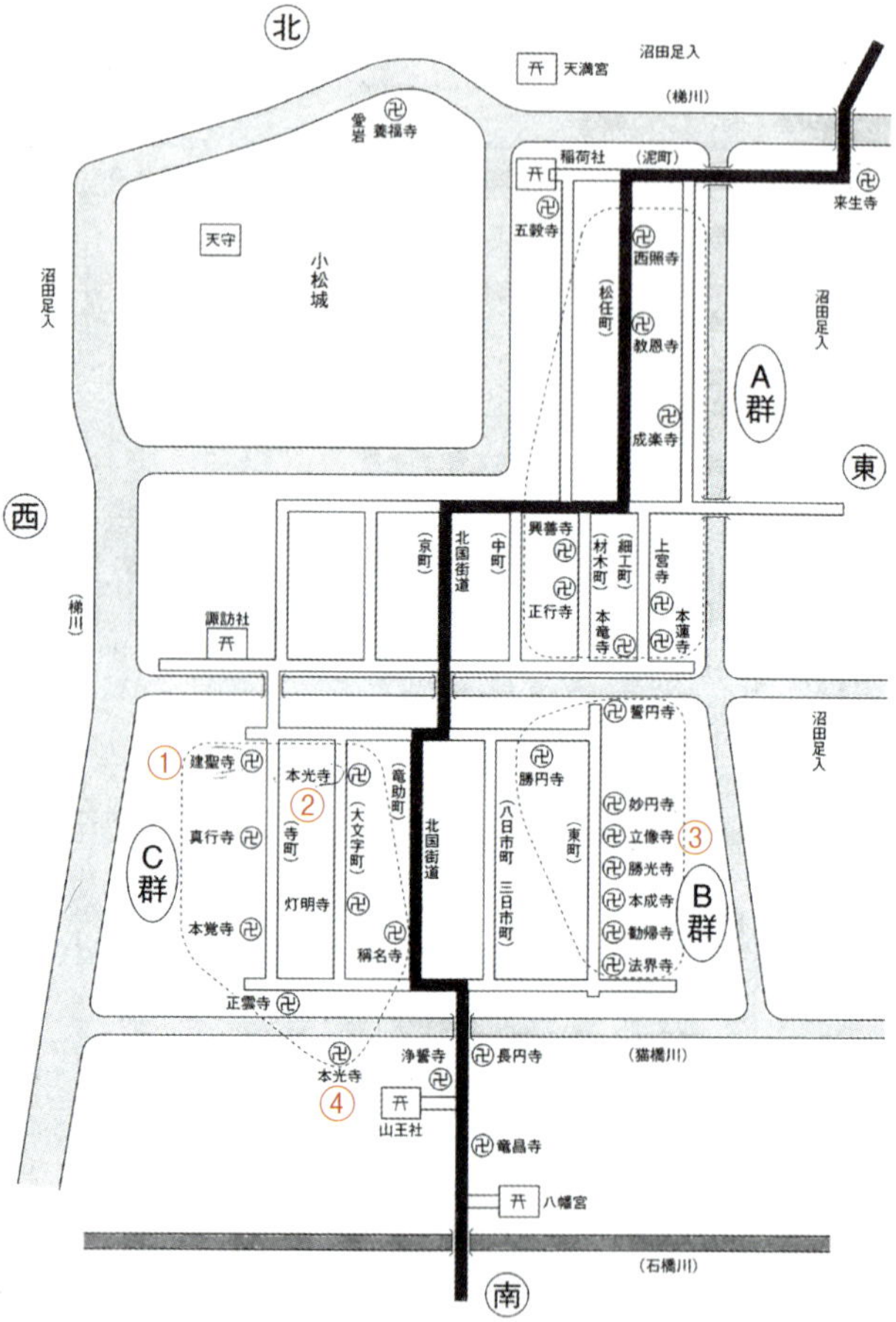

図80　利常の小松寺院配置図『稱名寺史』より
①建聖寺（国聖寺）　②本光寺（西）③立像寺　④本光寺（東）
①〜④の番号表記は筆者による。

の寺の名前は、国聖寺（図80の①）、本光寺（②）、立像寺《りゅうぞうじ》（③）です。

これらのうち、「立像寺」は、現在は小松にはありません。ここには寿福院（利常の生母）の位牌が安置されていました。

立像寺は利家から始まって利長の居住したところに建てられたので、当時は小松、府中（武生市）、高岡、富山、金沢と五カ所にありました。日蓮宗寺院です。金沢には元和元年（一六一五）利常から地所を受け、江戸時代には、小幡氏の庇護のもとにありました。小幡氏は利常の祖母の再婚先にあたります。利常が、真意を打ち明けられる数少ない味方であったと思われます。三谷の船着き場を守っていた小幡氏です。

小松ではこの寺に武士を配置し、一つの保管場所とするには、安全だったでしょう。ここは、一四〇石安田平右衛門が守っていました。

二つめの寺は、「国聖寺」。

この名前の寺は当時の小松城下の地図には見つかりません。寺の名は、このままでは、侍帳以外、どこにも見当たらないのです。ほかの文献では、この寺のことは「国松寺」とも書かれていますが、正しくは「建聖寺《けんしょうじ》」、曹洞宗の寺です。守っている武士は、三〇〇石九里《くのり》五郎兵衛。彼は、堀三郎兵衛と同じく、寿福院の異父妹と結婚している九里覚左衛門の実弟です。九里覚左衛門はこのころすでに没しており、その弟が務めたのでしょう。「建聖寺」は、小松城下の地図に載っており、今もその場所にあります。

『奥の細道』では、芭蕉はこの寺を訪れています。元禄二年（一六八九）七月のことです。これは曾良*の日記に書かれていますが、その名前は「立松寺」となっています。「立」は「建」に通じます。「松《しょう》」は「聖《しょう》」でしょう。なぜ、芭蕉がここを訪れたのか、なぜ、建聖寺を立松寺と書いたのかは不明です。

ここで芭蕉は、「しほらしき名や小松吹く萩すすき」と詠みました。

この寺「国聖寺（建聖寺）」は浮城である小松城に一番近く、また水路にも近く、そこには舟着き場があります。この場所は利常より賜ったものでした。この寺は、前は城内に位置していたのですが、一〇〇

＊河合曾良
一六四九〜一七一〇　俳諧師。松尾芭蕉の弟子。

坪を賜って、現在の場所に移動したのです。

国聖寺、国松寺、と名前を変えているにも関わらず、建聖寺であることがわかったのは、利常の葬儀からでした。建聖寺の住職が、経をあげていることは史実ですが、『三壺聞書』の中でこの寺の名前は、「国松寺」となっていることを見つけたからでした。ここでは「建」を「国」、「聖」を「松」と変えています。建聖寺の「建」のみ変えれば、侍帳の「国聖寺」となります。住職は利常と非常に懇意であったと書かれています。利常の小松隠居の最初から関わりのある人物、葬儀に利常のために経をあげるのにふさわしい人物、建聖寺の住職は、利常の意図を理解し、助力した人物であったに違いありません。

因みに、禁教令の厳しかったこの時代、「聖」がキリシタンとイメージが重なるということで使うことを禁じられたといわれています。確かに、大聖寺藩の「大聖寺」も「大正持」と書きかえられていることがあります。曾良も日記には「大正侍」と書いています。その中で、侍帳に「聖」を残し「国聖寺」と書いてあることは、ほんの少し、洗礼盤との繋がりを示唆しているのでしょうか。

そして、最後の「本光寺」（図80の④）。侍帳では、ここは五〇〇石奥野市郎右衛門が守っていることになっています。利常が小松に隠居したころには、浄土真宗の寺である「本光寺」はすでに宗派は東本願寺派と西本願寺派に分れていました。しかし、「本光寺」だけでは、どちらかわかりません。そこが、意図されていたところでもありました。

本光寺の開山は古く、平安時代、多田（源）満仲にゆかりをもつ寺です。そのころは白山の護りとして加賀の八幡《やわた》にあり、円満寺という天台宗の寺でした。その後、四十一代当主は蓮如に帰依し、名も蓮慶と改め浄土真宗本光寺を開いたのです。しかし天文五年（一五三六）、一向一揆で寺を焼かれ、山の中の西俣へ移りました。慶長七年（一六〇二）、本願寺は東西に分かれます。

本光寺でも東西に分かれ、西本願寺派は西俣に残り、東本願寺派は小松の八幡へ戻りました。その後、栄町《さかえまち》、本折《もとおり》と寺は移り、現在も本光寺（東本願寺派）は本折町に建っています。

侍帳にある奥野のいた本光寺は、実は西俣に残った方の本光寺のことです。侍帳を見る時、本光寺は小松城下の本折にある本光寺をさすと誰しもが思うでしょう。当時は山に残った西俣の本光寺は、門徒以外にはその場所はあまり知られていなかったと思われます。しかし、五〇〇石取という奥野が守っていたのは、その知られていない山奥の「本光寺」でした。

なぜでしょう？

それは、山に残った本光寺のあった西俣というところは、山奥で、その辺りは「炭」の産地だったのです。つまり、五〇〇石奥野の守りは「炭」の守りだったのです。利常がいかに、「洗礼盤」の制作に熱を入れていたかがうかがえます。当時この辺りから、炭は軽いので女性が担いで小松へ売りに行っていました。蓮代寺はそのルートに当たります。炭だけでなく、蓮代寺は物産の集積地でもありました。三谷、木場潟を通して水運も盛んでした。また、炭の運搬は「みぞきわ」に沿う流れを使うこともできたでしょう。

奥野が守っていた西俣の本光寺は、慶安年間に利常に寺所を賜り、山を下り、現在地に寺を構えた、と寺の記録にあります。ここは、建聖寺のすぐ傍で小松城近くです（図81参照）。

慶安年間とは、一六四八年から一六五二年のことです。慶安年間のいつか、この本光寺が山を下りた時には、もう「洗礼盤」制作は終了していたことになります。

西俣本光寺が利常から拝領した小松の寺所は、利常からの褒美だったのでしょう。

ところで、この奥野市郎右衛門は飛地を守る富田吉蔵の実の叔父にあたります。つまり、飛地と炭の守りは、奥野家の叔父甥によってなされていました。

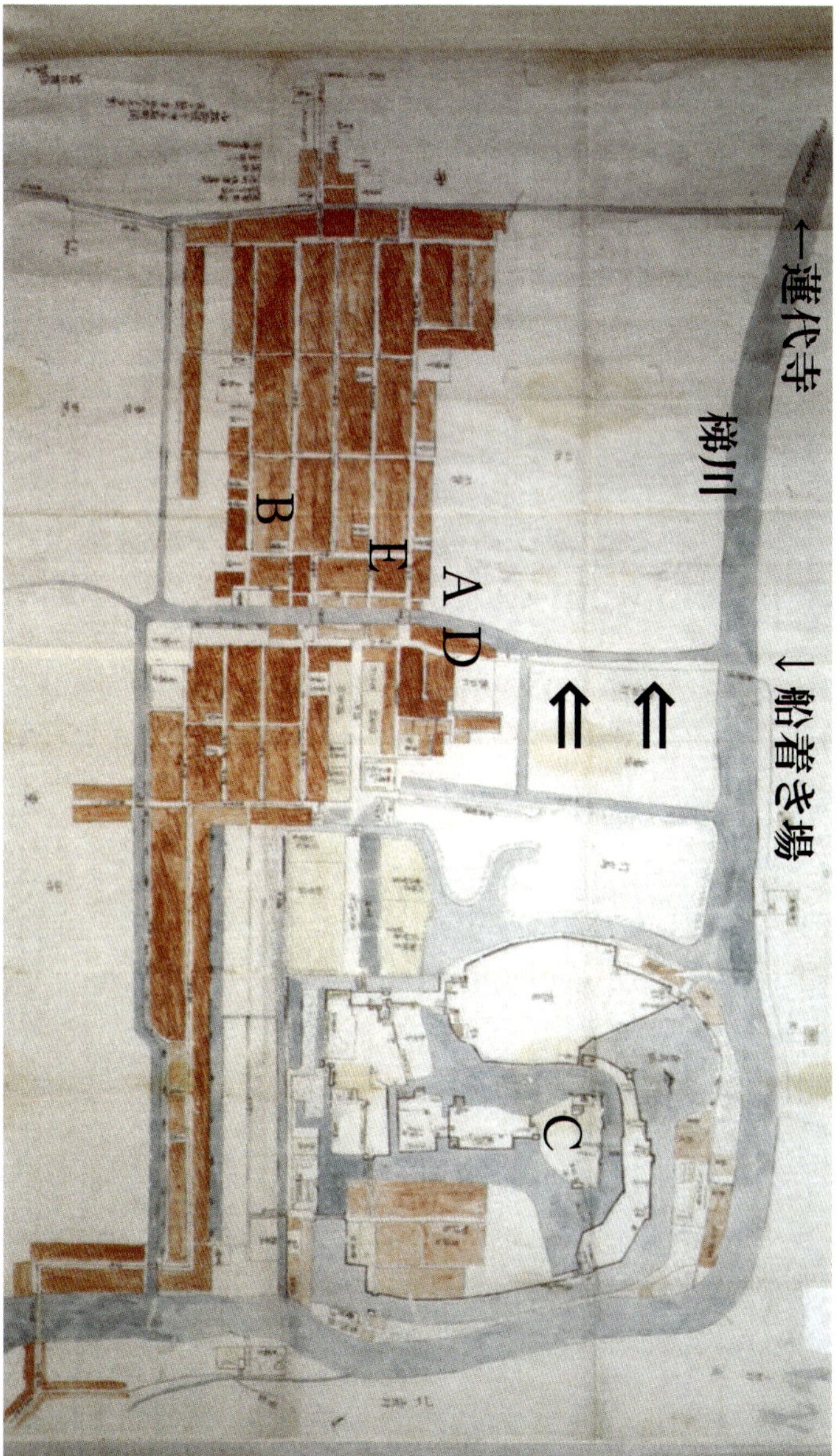

図81　小松城中井小松町図（小松市立図書館蔵）A建聖寺（国聖寺）B立像寺 C小松城 D諏訪神社 E本光寺（西）1780年ごろ描かれたもの。二つの矢印の先に小道がある。建聖寺へは誰にも見つからずに、荷を運ぶことが可能（A～E、矢印、地名表記は筆者による）m

第五章　炭倉の三人の侍はどこへ

「九谷村の古九谷」誕生への道のり

後藤才次郎が、慶安三年（一六五〇）、対州に現れたことについては、第二章で述べました。少し加えますと。これは、対馬の『朝鮮方日記』に書かれていることで、九谷の後藤才次郎は、対馬出身の陶工大浦林斎とともに倭館《わかん》の窯場（釜山窯）へ遣わされています。

釜山窯は、幕府が対馬の大名である宗氏を通じて李朝政府に依頼し、釜山の倭館の近くに築いたものです。ここでは、対馬の陶工が朝鮮人陶工を雇い、徳川家の注文に従って、朝鮮各地の土を使って茶器類を焼いていました。これらは、御本茶碗とよばれました。根津美術館にある将軍家光の手になる「御本立鶴茶碗」（65頁、図4）は、第二章でご覧いただきました。

作品は青磁、白磁、彫り三島、染付等、極めて多様でしたが、釜山窯は享保二年（一七一七）閉窯になっています。その理由は、釜山に倭館があるだけでも李朝には負担のところ、各地からの土の融通が続かなかったためとされています。

釜山窯で、窯の築き方や製陶を学んだ才次郎は、九谷村へ戻り窯を築きます。この釜山での窯の築き方は、肥前の窯を手本にしたといわれていますので、九谷村の才次郎の窯が肥前と同じスタイルであっても不思議ではありません。明暦元年の奉納の最初の花瓶が焼き上がるまでの、本来は金工師であった才次郎の苦労がしのばれます。

さて、この才次郎の対州行きは、その前に明の陶工を帰国させるという使命と二本立てであったと思われますが、明陶工の去った蓮代寺の飛地では、何が起きたでしょう。

まず、間違いなく、即刻、炭倉（倉屋敷）は壊されました。これ以後、飛地も倉屋敷もその名前だけが残り、全てが忘れ去られることになります。

もう炭を確保する必要はなくなり、山奥の炭の産地に近い西俣の本光寺は、小松に利常から寺領を貰って、山を下りました。

ところで、それまでにでき上がった色絵平鉢は、どうなっていたでしょう。

蓮代寺飛地を出て三谷の船着き場、木場潟、梯川を通って、小松の国聖寺（建聖寺）あるいは立像寺に保管される、あるいは梯川から日本海へ出て、金沢の宮腰港へ運ばれました。宮腰港は、今の金石《かないわ》港のことです。

実は、宮腰港にはやはり、利常により隠密裡の色絵平鉢のために、保管場所の準備がなされていました。その保管場所とは、宮腰港にあった佐那武《さなたけ》神社（現在は、大野湊神社）です。『加賀藩史料』に書かれていることですが、寛永十六年（一六三九）から翌年にかけて利常は、まず、河口の整備、ついで佐那武神社の再建をします。社殿が三つもつくられました。川の切りかえも行われたと書かれていますので、二股に分けたようです。この整備のおかげで、佐那武神社へはほかの舟

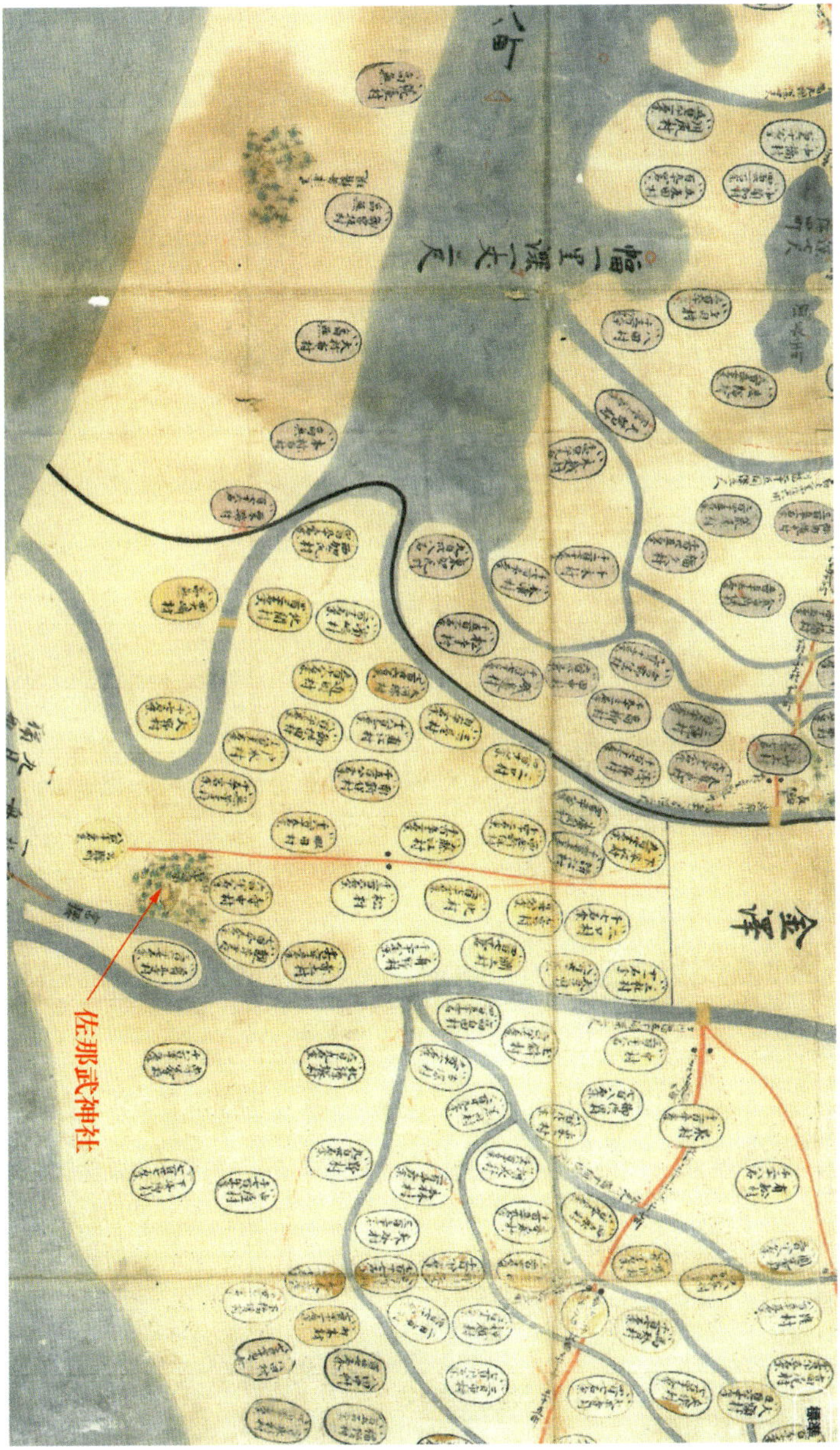

図82「加賀四郡絵図（正保国絵図）」より（佐那武神社位置表記は筆者による）

と交ざることなく到達できます。そのうえ、佐那武神社から金沢城下へは、直結した道があります。また、宮腰港からは、そのまま、犀川《さいがわ》が繋がっています（図82参照）。しかも、佐那武神社には奉行がいました。

できた上がった平鉢は、なんとも見事な、当時の日本にはない色絵の焼物ですから、手にした人は誰も、それだけで満足したことでしょう。そしてひそかに、わかる人だけがキリシタンシンボルや洗礼盤だとわかり、利常の意図はここで達成されたのです。

では、蓮代寺の飛地にいた富田吉蔵と菊池市左衛門そして河口久左衛門は、その後どうしたでしょうか？

色絵が飛地の倉屋敷の中でつくられていた時期は、長崎から明の陶工たちが加賀に来た寛永十四年（一六三七）以降ということは、わかっています。そして、才次郎が対馬に行った時、慶安三年（一六五〇）

には、終了していました。この間十年あまり、大ざっぱな計算ですが、この間、この三人は明の陶工の仕事を見ています。古九谷の中に、明の焼物とは違う要素があるのは、この三人が、アイデアの指導のみではなく、いつしか技法も身に付け、実際に作陶に携わるようになったからとみるのが自然でしょう。下働きだった手伝いも、いつしか、見様見真似でやり方を曲りなりに会得したと考えられます。

蓮代寺の倉屋敷が壊される時、三人の藩士も含め、このグループ、そして屋敷内のものはいったん、大聖寺藩の藩邸に移動したと考えられます。その時には、もう何の秘密もありません。素地は、まだ残っていたでしょうし、さらに買うこともできます。絵具もあります。窯は小さいので、運ぶこともできたでしょう。きっと、炭も残っていたでしょう。これだけ条件が揃えば、藩邸の中で、色絵を焼かない手はありません。

後に大聖寺焼とよばれるものがあったことは、この大聖寺藩の藩邸で焼かれたものなのではないでしょうか。

才次郎が戻ってきて、九谷村に試行錯誤で登り窯をつくっていた間も、大聖寺藩邸で色絵が焼かれていた可能性はあります。そのうちに九谷窯が開窯し、素地が多くつくられるようになって、この九谷村でも、蓮代寺飛地由来の色絵が焼かれるようになりました。京都から、陶工も招いたことでしょうし、このころの九谷焼関係の資料には、久隅守景が九谷の上絵付けにあたったともいう、と書かれています。俵屋宗雪は、利常が隠居したころには金沢にきて、前田家の御用絵師でした。その後継者も多かったといわれています。

現在も大聖寺に多く古九谷が残っていることも、そのためでしょう。九谷村では、平鉢ばかりでなく、中皿、小皿揃い、花瓶、徳利など多くの磁器や色絵がつくられました。

これは、九谷古窯の発掘で、明らかにされています。

藩邸や九谷村で焼かれた色絵は、しばしば蓮代寺飛地で使われた模様がキリシタンシンボルとは知らずに使われています。そのため大方よく似ているけれども、キリシタンシンボルとは主旨がずれています。

図83　色絵花鳥文輪花皿（出光美術館蔵）a

図84　色絵舟遊文鉢（赤い囲みは筆者による）a

よい例があります。図83には一皿の中にこの様な例がいくつか含まれています。例えば、飛地での洗礼盤では、「下草の葉が三枚同じ色」（図84の赤い囲み参照）というのは、三位一体の「三」のモチーフですが、図83では、形や色の下草の葉がよく似て描かれているものの、数は限られていないし、色も混じっています。また、洗礼盤では、茎や葉と葉を重ねて「X」を意味するところの葉の色を変えることが見られます（図85）が、図83では、何でもないところで葉の色を変えています。

洗礼盤で見られるような交差X（図86）に対して図83の中央の二羽の鳥は交差Xを表すというよりは、少し重なっているという程度であることが、本来の意味とは離れています。蝶々も宝物の交差も洗礼盤に見られるモチーフです。

もしかすると、意図的に外しているのかもしれません。もしそうであれば、藩邸や九谷村での焼物自体が飛地での隠密裡のキリシタンの焼物の壮大なカムフラージュとなります。かつ、藩邸や九谷村の九谷

図85　色絵亀甲蝶牡丹大皿（赤い囲みは筆者による）a

図86　古九谷青手竹図平鉢（石川県立美術館蔵）b

焼は営利目的にも繋がります。利常ならば、やりそうです。

話を二人の侍のことに戻しましょう。

洗礼盤作成の終了後、三人はまずは大聖寺藩邸で、今までの、あるいは新しく雇った陶工の指導に当たったでしょう。もう何も秘密はありません。どのくらいの期間だったでしょうか。長い期間ではなかったかもしれません。

狩野派の絵師は、絵師になるためには弟子入りし、先生のお手本（粉本《ふんぽん》）をひたすら模写し、それを自分の手本とします。十年ほどこのように修行し、一人前の絵師となり、各地で、同じように絵を教えました。従って、粉本は絶対秘密であり、何かでお手本をなくすと絵師廃業ということもあったそうです。

それならば、二人の武士、ひょっとすると与力の河口久左衛門も飛地でお手本に基いて制作に加わったことは十分に考えられます。

秘密が守られた陰には、武士たちの繋がりが……

それにしても、秘密はよく守られました。

利常の洗礼盤制作、保管の守りにあたった武士は、安田平右衛門一四〇石、与力衆河口久左衛門のほかは、二つの所縁グループであることがわかります。その一は、寿福院を中心に、もう一つは、奥野主馬を中心にするものです。

安田は、平右衛門が宗家です。その子孫は藩を通じて仕えたとの記録があります。

寿福院グループについては、三谷の守り、小幡家との繋がりで触れました。三谷で守りにあたった下野、右京は、寿福院の異父弟である小幡右京の子で、利常には従弟にあたります。寿福院の異父妹の嫁ぎ先、堀三郎兵衛は利常の義理の叔父となります。しかし、実際は、右京は堀三郎兵衛の実子で、小幡右京の養子なので、堀は三谷を実の親子で守っていたことになります。

国聖寺（建聖寺）を守る九里五郎兵衛は、堀三郎兵衛と同じく、寿福院の異父妹を室とする九里覚右衛門の実弟です。覚右衛門は寛永七年（一六三〇）には亡くなっていますので、その実弟である五郎兵衛が勤めたのでしょう。

立像寺は、寿福院の位牌の安置寺でした。


本光寺の守りの奥野市郎右衛門は、奥野主馬グループです。飛地を守る富田吉蔵は、奥野主馬の実子でしたが、その実兄とともに、富田の養子となっています。そして本光寺の守りについていた奥野市郎右衛門は奥野主馬の実弟です。しかも市郎右衛門の石高五〇〇石は、主馬から分けてもらったものでした。

前田利家の二男利政はキリシタン大名蒲生氏郷の娘、籍《せき》と結婚し、奥野主馬は、その娘を室に迎えています。その縁から、利常は奥野主馬の娘の結婚に大変な心遣いをしています。それに対し主馬もまた、利常に応えたことでしょう。

主馬の嫡男と二男である治部左衛門と吉蔵兄弟の富田家への養子縁組もまた、利常の知恵であり配慮でした。富田家では家督を継ぐべき重次五千石が十六歳で逝去、断絶となるところを治部左衛門三千石、吉蔵千石と分け、継がせたのは利常でした。残り千石は召し上げとなりましたが、富田家は続いたわけです。奥野主馬の父、奥野紀伊の室は富田家から嫁いでいるので、この二人は富田家の外孫に当たるということが理由とされました。

他方主馬にとっても、この措置により室である利政の娘との三男、三左衛門に家を継がせることができました。

富田家からは、後世、吉蔵の直系五代後には著名な郷土史家、富田景周《かげちか》が出ています。景周は若くして小松城番、算用奉行を務めました。その後、『越登賀三州志』など、多大な著作を残しました。

前田利政はかつて七尾城主であり、七尾の本行寺《ほんぎょうじ》はまた、高山右近の領地での住居でもありました。利政夫人は、キリシタン大名蒲生氏郷の娘であったことは前出しました。のちに本行寺には、キリシタンであった藩の婦女たちが隠れ住んだといわれ、どことなくキリシタンの影が漂います。しかも富田吉蔵の室の実家は、次の章、キリシタンの残照に登場する金沢の野村家です。

最後の一人、菊池市左衛門については『諸士系譜』には珍しく、十行に亘って次のようなことが書かれています。

菊池大学は、将来のために青山豊後の子の一人を養子にして親元から離して養育した。この子は三歳から青山佐渡の与力寺山主馬のところで育った。これが菊池市左衛門である。元和三年、養父主馬が亡くなったので、青山豊後から二〇〇石の遺知を受けた。元和七年、豊後が亡くなり、翌八年、利常に召し出されて、十年間、大坂城普請に勤める。「才計勤」とあり、その後青山将監の与力となる。慶安に微妙公（利常）に召し出されて菊池を菊地と変えるように命ぜられたが、自分の養父には男子がいないからと、君命といえども、「黙止」とある。その後、微妙公の御使番となり、御逝去の翌年御免となった。

この行間には、市左衛門のドラマがチラチラ見えます。一つは「才計勤」です。これは、計る（計算）才能があってよく勤めたという風に取れます。大坂普請とは、大坂城の石垣をつくることですから、それに大変、功があったのでしょう。古九谷の幾何学模様（図87、88）は、市左衛門のデザインかもしれません。すき間なく寄せられた柄が、どことなく、石垣に見えてきます。

因みにこの家康による大坂城普請では、多くの大名が割り当てられました。この時の加賀藩の割り当て分、二の丸外堀全てと本丸内堀の石垣は、四百年たった今も大坂城で見ることができます。

ドラマのもう一つは、苗字のことです。実は菊池大学には、後に実子、十六郎ができ、大学の元和三年（一六一七）の死去とともに、九歳

図87　色絵幾何学蝶文大皿（出光美術館蔵）a

図88　色絵幾何学文大皿（出光美術館蔵）a

の十六郎が家督を継いでいます。市左衛門は、継ぐかもしれないことで幼い時に養子になったのですが、菊池家を継ぐということはなくなりました。利常の菊地姓への勧めは、菊地の宗家になったらよいのではないか、という勧めだったのでしょうが、市左衛門は、万一、何かで十六郎が継げなくなった時のために、菊池でいることに固執したのでしょうか、君命に反してまで、菊池を通しました。十六郎の子孫は続き、結果として、市左衛門は独立して宗家（本家）となっています。

この市左衛門を、利常は御使番として亡くなるまで近辺に置いたのは、その才能だけではなく、幼い時から親元を離れて暮らした自分との共感があったのかもしれません。

さて、この菊池家も野村家と繫がっていました。市左衛門の妹、つまり菊池大学の娘は野村七左衛門の室となり、弟である菊池十六郎の娘は七左衛門の子、伊兵衛の室となっています。野村七兵衛の娘、つまり伊兵衛の姉妹の一人は、富田吉蔵の室であることは前出しました。

菊池市左衛門の実家の青山家と小幡家も婚姻で繋がっています。実父豊後の甥にあたる勘左衛門は小幡右京（子）の娘を室としています。豊後の弟織部も小幡右京（子）も室を同じ家（小塚藤右衛門の娘）から迎えています。


では、寿福院グループと奥野グループは繋がっていたでしょうか？

実は大本で繋がっていました。

前田利政の長男である後継者直之室は、小幡宮内長次の娘でした。つまり、寿福院の姪です。直之と奥野主馬は義理の兄弟です。

利常―小幡―奥野―富田―野村―菊池―青山は繋がりがありました。

制作―保管―運搬と無事金沢に着くと、宮腰港、佐那武神社で待っていた奉行は、菊池十六郎直辰。つまり、菊池市左衛門の弟でした。十六郎は寛永末（一六四〇年ごろ）から万治三年（一六六一）まで、宮腰町奉行を務めました。

秘密は、守られるべくして、守られたのでした。

富田吉蔵関係

（富田家、奥野家、野村家の繋がり）

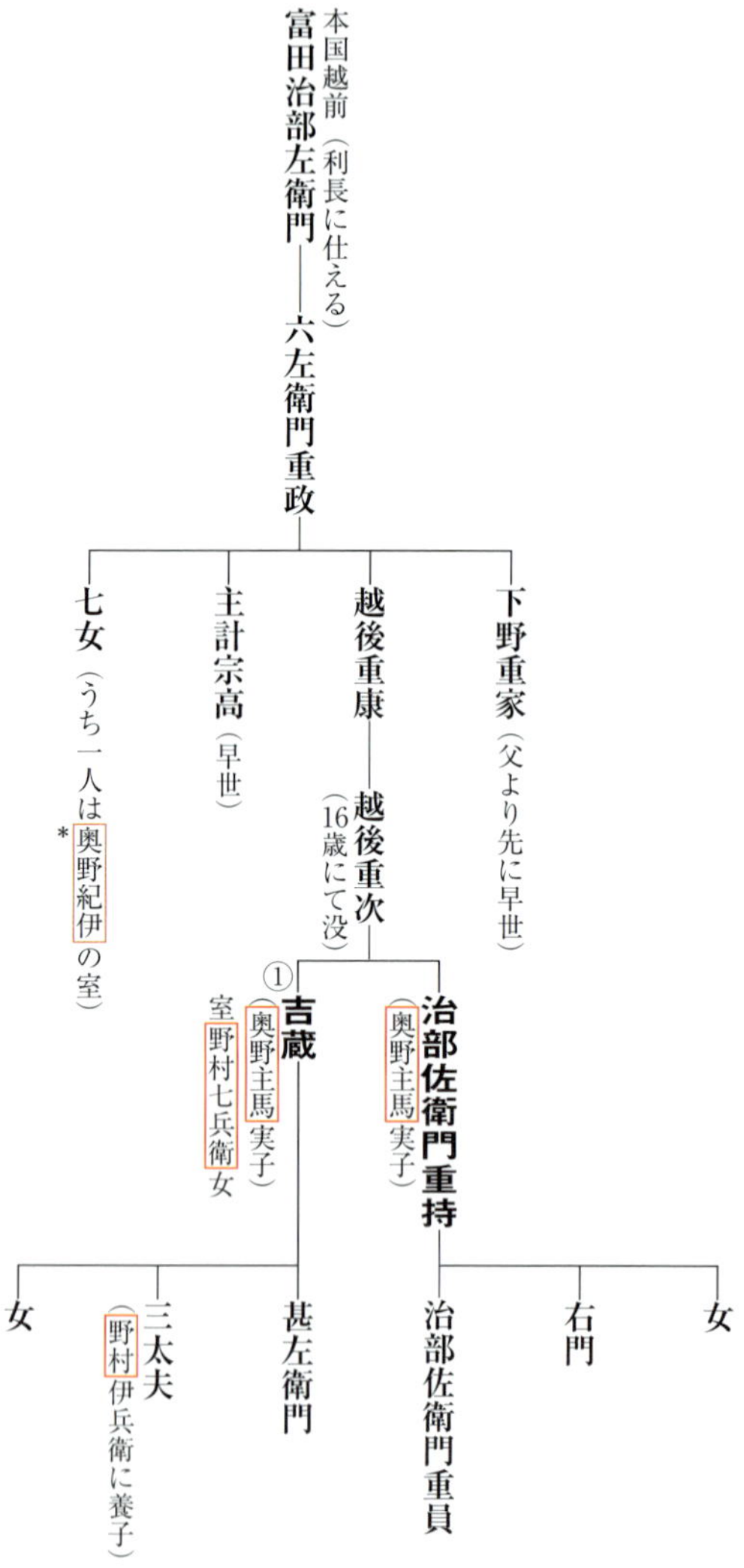

①富田吉蔵は飛地の守り

＊奥野紀伊は奥野主馬の父
奥野主馬の実弟は奥野市郎右衛門
市郎右衛門は本光寺（山奥）の守り

菊池市左衛門関係

（菊池家、青山家、富田家、小幡家、野村家の繋がり）

先祖肥後（利家に仕える）
菊池右衛門入道――伊豆（早世）――大学（実斉藤小次良子）

- ③十六郎直辰
  - 二女（うち一人は④野村伊兵衛室）
  - 十六郎武康
- ②市左衛門（実青山豊後子）
- 二女

②菊池市左衛門は飛地の守り
従兄弟青山勘左衛門の室は小幡右京女
③菊池十六郎直辰は寛永末（一六四〇ごろ）～万治三年（一六六一）
まで宮腰奉行であった。
④野村伊兵衛の養子三太夫は実は富田吉蔵二男
又伊兵衛の姉妹の一人は富田吉蔵の室

寿福院関係

（菊池家、前田家、青山家の繋がり）

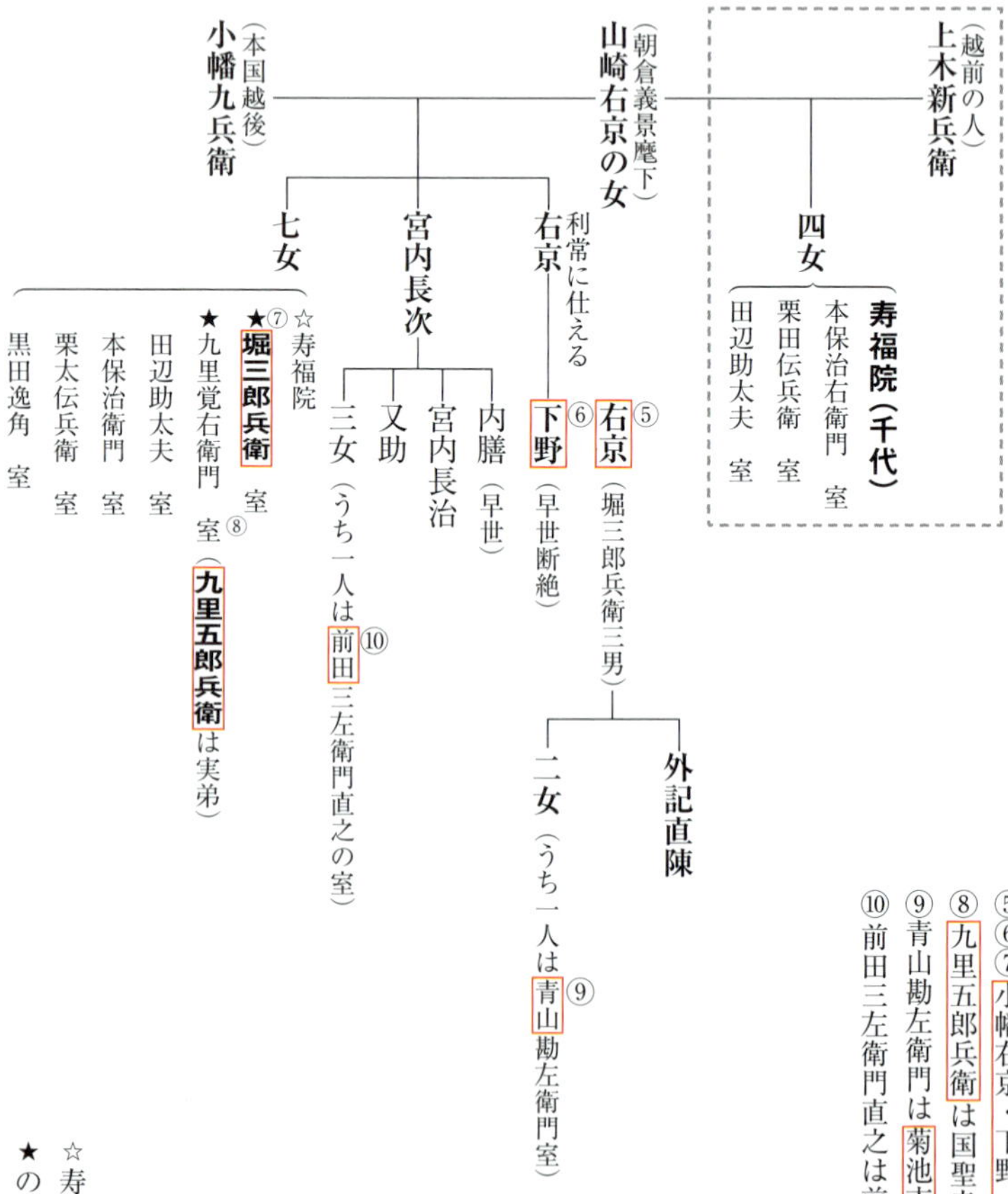

⑤⑥⑦小幡右京・下野・堀三郎兵衛は三谷の守り
⑧九里五郎兵衛は国聖寺の守り
⑨青山勘左衛門は菊池市左衛門の従兄弟
⑩前田三左衛門直之は前田利政（利家の二男）の後継

☆寿福院は利常の生母
★の二人は小幡家で生まれた女子

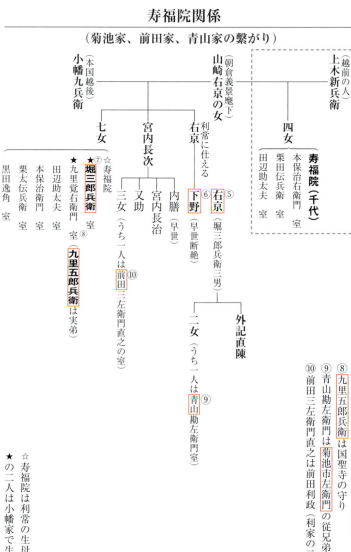

第六章　キリシタンの残照

野村家

金沢の武家屋敷として公開されている長町の野村家の栞によれば「利家の直臣として従った野村伝兵衛信貞家は禄高千石から千二百石と累進して、代々を御馬廻組々頭、各奉行職を歴任した。この地に千有坪（三千平方米余）の屋敷を拝領し、家督は十一代にわたって明治四年の廃藩に至った由緒ぶかい家柄である」と書かれています。その後、武家制度の解体で、辺りは菜園となり、大正初期の窮乏でさらに土地は分割され、周囲は現在の住宅街になりました。さらに、野村家自体も「古木、曲水の庭園の一部を残し、館を取り払い、分割されていくたびか住人を変えた」のち、昭和になって、北前船の豪商橋本家の謁見の間を移築され、現在の形になっている、と書かれています。

古木とともに解体を免れ、小堀遠州好みの「真の庭」の代表的な庭園として評価の高いという野村家の庭園を、奥の間の縁側に座って眺めていた時のことです。古木のもとに何気なく置かれている大きな庭石、その側面に、一見、大きなひび割れの延長のように見える、立派な十字のひび割れがありました。いや、単なるひび割れかもと疑ってみましたが、いったん十字に気付いた後は、まさしく十字に違いありません（図89）。

しかもこの面は奥の間からしか見えません。奥の間に人を通すことは、めったにないでしょうから、これを見ることができたのは野村家のご当主と奥方様くらいだったでしょう。

突然、四百年あまりを経て鮮やかに、キリシタン藩士の信仰心に接した思いでした。

栞の絵（図90）の中のX印は筆者がカメラを構えた位置です。この位置が奥の間であることは、栞の地図の中、X印の先に描かれている縦長の灯籠が、写真の中央の十字のある大きな庭石の上に写っていることで定まります。X印のあるところは、奥の間の縁側ですが、絵地図には古木は描かれてい

図89　野村家庭園の庭石の十字（筆者撮影）

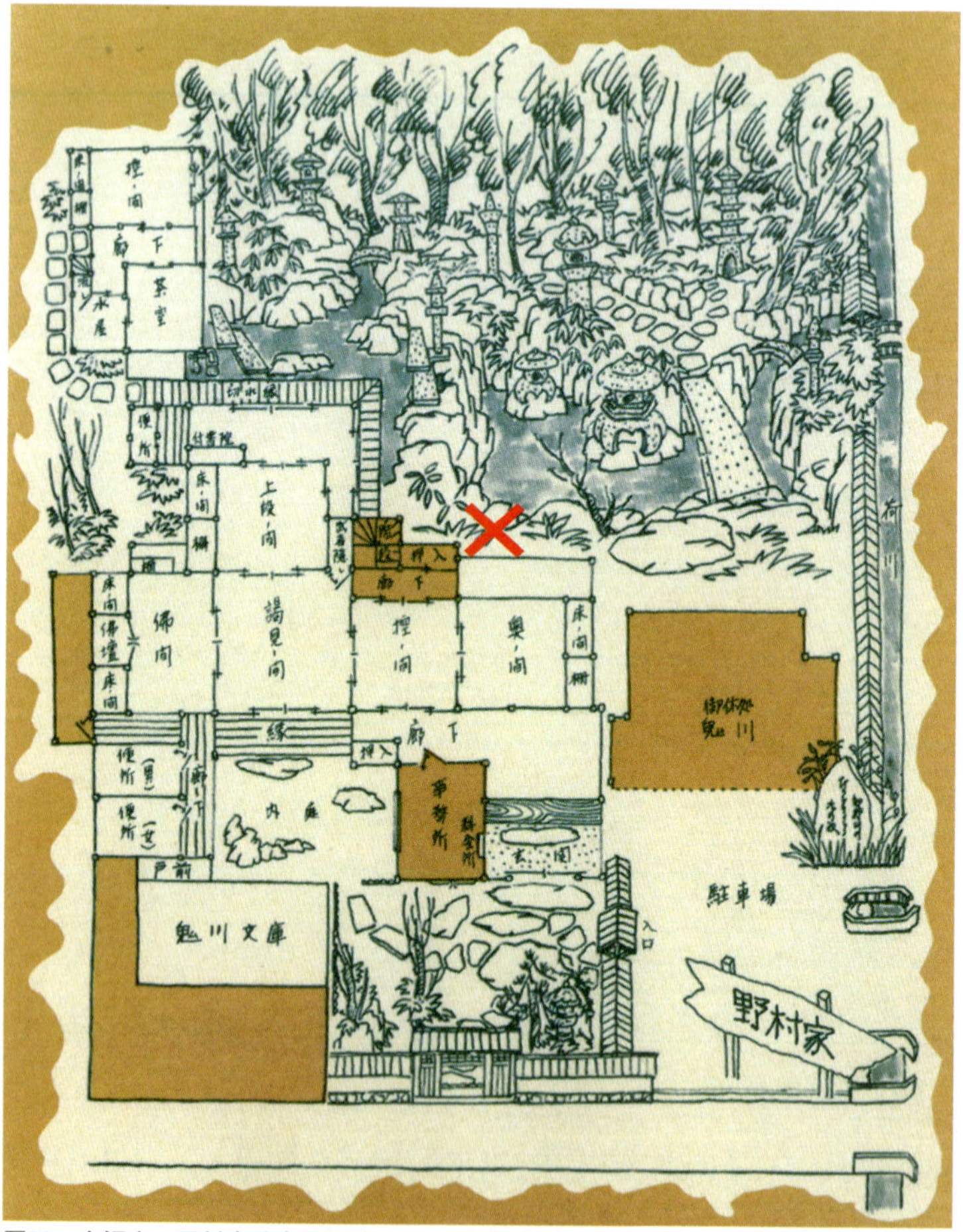

図90　金沢市　野村家武家屋敷跡の見取図（野村家の栞より）
×印は筆者による

ません。上記、移築された橋本家の謁見の間は絵地図の左手にあります。

因みに、この野村家は、飛地の守りであった富田吉蔵の妻の実家です。やはり、吉蔵にもキリシタンの影が感じられます。

脇田家と玉泉園

直臣であった野村伝兵衛と同じ時期、同じく加賀藩の高級藩士として歴代、藩主に仕えた武家に脇田家があります。その初代は脇田直賢《なおかた》でした。同じく千石取りの高級武士ながら、直賢は、全く異なる経歴の持ち主、加賀藩の重臣の中でも異色の人でした。

直賢は利常と同時期に生き、利常の言動が書かれた『微妙院夜話』にも登場します。

通称、脇田九兵衛と名乗った直賢は後に、如鉄《じょてつ》と号しました。この「如鉄」は、実は幼名でもありました。

出家して如鉄と名乗るようになった時、「名のみ昔に戻りけり」と書き遺しているように、如鉄は李氏朝鮮の首都であった漢城、今のソウルで生まれました。秀吉の朝鮮出兵にあって、父は戦死します。七歳の如鉄（ヨチョル）は捕虜として宇喜多秀家《うきたひでいえ》に連れられて岡山へ来ました。父、金時省は翰林学士*であり、如鉄も幼い時からよく作文をしました。秀家は如鉄を夫人である豪姫に預けたところ、豪姫に大層気に入られ、一緒に金沢に連れて来られたのです。その後、如鉄は豪姫の母である利家夫人まつに預けられることとなりました。八歳の時のことです。そして二十歳になるまで、まつ、および利長の膝元で、利長の正室永姫（玉泉院）に育てられました。利長の富山隠居に伴って一〇〇石、後一三〇石を加増され二三〇石となり、近習《きんじゅ》として諸事を行いました。このころ脇田重季の娘と縁組をし、これ以後脇田姓を名乗ることとなって脇田九兵衛とよばれたのです。利長亡き後は、利常に仕えました。利常が隠居する時は光高に乞われて、金沢に残りました。

＊翰林学士（かんりんがくし）
中国の天子直属の官。詔勅（しょうちょく）を起草する。

利常の追賞のある側面が、大坂冬の陣・夏の陣時の脇田久兵衛の言動で偲ばれます。脇田は、自らについて詳細な著述を残しています。

慶長十九年（一六一四）、十月大坂冬の陣が勃発します。この時、高岡勢*からは四名の武士が参戦しました。そのうちの一人が脇田九兵衛でした。参戦したことで、利常からは金銀を拝領します。

慶長二十年正月、両軍和解。のち五月、大坂夏の陣勃発。戦いは、家康の東軍が優勢でした。冬の陣の時に真田幸村が陣を置いた茶臼山に、今度は東軍が陣を置いていました。この時に東軍は勝利し、利常は世に認められることとなります。そしてこの時、脇田九兵衛も一番槍の手柄を立てました。

後日、九兵衛は大坂での武功穿鑿の折、その働きを書いて差し出しましたが、ほかの者と較べると十分報いられず、この時の恩賞である二〇〇石の加増は、長く不満として残りました。

このような大坂夏の陣の後の恩賞不十分についての不満は、ほかにもあったらしく、寛永八年（一六三一）の追賞へと繋がっていくので

＊高岡勢
高岡に隠居していた利長の武士団。

す。この恩賞見直しが、「寛永の危機」の原因の一つにもなりました。

この追賞により、脇田九兵衛は、五七〇石を追加され、ようやく報われて、千石取りの武士の仲間入りをします。この後は、利常、光高によく仕え、子供たちもそれぞれ立派に務め、九兵衛は六十一歳で金沢町奉行となります。七十三歳で利常の遺骨を高野山に送る役に就き、七十四歳で家督を嫡男に譲り、養老料三〇〇石となり、それでも御小姓頭を務めます。嫡男平丞は知行千石。この年、出家し如鉄と号しました。脇田九兵衛は、武功のみでなく、金沢の連歌師としても有名で、多くの句を残しています。

金沢の兼六園の近くに、近年開放された「玉泉園」という庭園があります。これは脇田家が九兵衛から四代に亘ってつくったものです。この庭の作風は玉澗流《ぎょくかんりゅう》庭園といって、幻の庭といわれる珍しいものです。玉澗流庭園とは、宋の時代に玉澗によって描かれた水墨画によるもので、二つの築山の間に滝をつくり、滝の上に石橋をわたします。因みに玉泉園という名は、幼かった如鉄を育ててくれた利長の正室であった永姫、つまり玉泉院に由来するものです。

そして、やはりこの庭にもキリシタン灯籠（図91）がありました。基部にマリア像を持ち、竿部の下がわずかに膨らみ十字になっている。このように脇田家にも、キリシタン藩士の名残を見ることができます。

図92のような灯籠もありました。Xマークがついています。

二〇一八年三月、京都で古田織部が描いた織部灯籠の図面を見る機会がありました。

そこには基部はマリア像ではなく、地蔵と書き込みがありました。禁教令下、マリアとは書けなかったと思われます。

図91　織部灯籠（筆者撮影）

図92　玉泉園の灯籠（筆者撮影）

松平忠輝遺品の古九谷の謎

利常の岳父秀忠は、家康の第三男で第二代将軍となりました。

家康の長男信康は、二十一歳で切腹しました。信長に命令されたとも、家康に命令されたともいわれ、謎となっています。信康の正室は信長の娘、徳姫でした。結婚はともに九歳の時、そして十一歳の時、正式に岡崎城主となりました。信康の信は信長から、康は家康からでした。

次男結城秀康は側室の子であったため浜松城ではなく浜松の一村で生まれました。家康とは縁が薄く、秀吉の養子（人質）となり、ついで下総大名の結城氏の婿養子となり、ついには越前北の庄、六十七万石の大名となりましたが、梅毒を患って三十四歳で亡くなりました。秀康は、鼻が欠けていることを膏薬で隠していたことから、家康に嫌われていました。武士は、体の一部の欠損など隠すべきではないというのです。そして、三男秀忠が、家康を継いで将軍となったのでした。

ここに、二男結城秀康と同様に家康から、徹底的に嫌われた人物がいました。六男の松平忠輝です。忠輝もまた、側室の子でした。赤子の忠輝を見てその醜さに家康は「この子を捨てよ」といったと伝えられています。忠輝の恵まれない人生は多くのドラマや演劇、漫画などで取り上げられています。

忠輝は、家康の子であるにもかかわらず、徳川姓ではなく松平であるところからも知られるように、常に家康からは冷遇されてきました。大坂夏の陣での遅刻以来、ついに家康からは会ってももらえなくなり子供たちの揃う今際の枕元にもよんでもらえず、兄である将軍秀忠からは改易を命じられ、諏訪へ幽閉されたまま、九十二歳で亡くなりました。

不思議なことに、忠輝の遺品として墓所貞松院に「古九谷」（図93）が残っています。しかも、そこに描かれている図は、三つ峰を持つ「白山」なのです。

図94　木場潟からの白山

図93　青手白山波濤文山水図平鉢（貞松院蔵）h

「三峰の白山」は重要なメッセージを持っています。白山の姿は、金沢から小松にかけては異なっており、三つ峰は見えません。しかし、この色絵を描いた人がいたところからは、白山が三つ峰に見えたということです。

では、一体それはどこか、といえば、蓮代寺なのです。蓮代寺と小松城は一里（四km）ほどしか離れていないのですが、それでも、白山は全く違う形に見えます。さらにいえば、同じ蓮代寺の中でも、「出村のさんまい」（倉屋敷）に近いところへ行くほど、三峰は、はっきりします。蓮代寺に隣接する木場潟には昔から有名な、白山を愛でる場所*があり、そこからも、美しくくっきりと見える白山は三連峰です（図94）。

ではなぜ、忠輝のもとに、古九谷があるのでしょうか。贈ったのは利常のほかにはいません。

忠輝がキリシタンに触れ、容認していたことは確かです。正室である五郎八姫はキリシタンでした。五郎八は「いろは」と読みます。

*白山を愛でる場所
この場所は、飛地から、木場潟をはさんで対岸です。

五郎八姫は、伊達政宗の長女であり、美しく聡明な人であったといいます。政宗と正室愛姫の長女で、結婚して十五年、ようやく生まれた念願の子でした。しかし政宗は「五郎八」という男名しか用意していなかったので、「五郎八姫」と名付けられました。姫は京都で生まれ、十三歳となった慶長十一年（一六〇六）、十五歳の忠輝と結婚しました。

しかし、元和二年（一六一六）、家康が没し、兄である将軍秀忠は忠輝を改易します。忠輝は高田から諏訪に配流となり、五郎八姫は離縁されて仙台の伊達政宗のもとに帰りました。その後再婚もせず、六十八歳の生涯を閉じます。子には恵まれませんでしたが、忠輝との仲はむつまじく、忠輝は後に、「できることなら、五郎八と高田で静かに暮らしたかった」といったとされています。高田とは、改易になった時の居城で、この時、忠輝は初代高田藩主七十五万石の大名となっていました。高田城は、岳父伊達政宗が率先して築いた城でした。この高田城築城には利常も参加しています。改易された時、忠輝は二十五歳。この後、六十七年間配流の身で過ごしたことになりますが、幕府からの冷遇を受け入れ、不満も漏らさず、一文化人として諏訪で暮らしたのです。

上越青年会議所編「高田開府400年松平忠輝公ヒーロープロジェクト」のエピソードによると、文武に類稀なる才能をもち、民から慕われ、伊達政宗からも頼みとされた忠輝の人間像が浮かび上がります。

それによると、「忠輝は西洋医術、五カ国語を会得、武術は奥山休賀斎に学んだ。庶民を愛し、慕われ、キリスト教宣教師にも、積極的に通じた。岳父である伊達政宗に見込まれ、イスパニアへの親善使節を頼まれるが、高田藩主であり、藩を案じて申し出を断った。その代わりに選ばれたのが、あの支倉常長《はせくらつねなが》であった。その五カ国語とはラテン語、イタリア語、スペイン語、ポルトガル語、英語という」といったことが書かれています。

このような素晴らしい人物の存在は、将軍秀忠の立場を脅かすことになり、ひいては幕府の安定に関わると家康が危惧したのもうなずけることです。最初は母親の身分の低いこと、容貌が気に入らなかったこと、などにより、いったん捨て子としました。その後の冷遇は確かです。しかし、いつのころからか家康は、ひそかに忠輝の力量を評価し、かつ懸念していたことがうかがわれます。

その証は家康が「野風の笛」を忠輝に届けるように秀忠の前で忠輝の母親に渡していることです。「野風の笛」は「天下人の笛」とよばれ、信長から秀吉、家康の手に渡ってきました。「野原でひとたびその笛を吹くと大地から十万の鎧武者が現れる」という笛で、決して吹くことのないように伝えたといいます。

忠輝を勘当して幕府から遠ざけたことは、幕府の安泰を図る家康の意図だったと同時に、忠輝のキリシタンに対する親近感もまた禁教令を敷いた家康には相容れないものでした。

利常と忠輝は一つ違いで、生まれも育ちも賢さもキリシタンとの距離もよく似ています。利常が「洗礼盤」を贈った気持ちが伝わってきます。

第七章　利常の関与——図柄はどこから？

狩野派との関わり

利常は、金沢に何度も探幽を招いています。そのため、金沢には探幽の作品が多く残っているといわれています。このころの絵画は、粉《ふん》本《ぽん》といって、師匠のお手本をもとに描かれていました。粉本は、門外不出といわれますが、藩主の願いであれば、探幽も応じたのではないでしょうか。

◇虎

南禅寺の探幽の襖絵の虎（図95）と古九谷の虎（図96）の比較です。竹と虎の組み合わせや虎の描き方に類似が見られます。古九谷では、竹と虎が交差Xをつくり、背景は皿一面に波と雲が描かれています。この渦を巻いた雲は後出します。

◇鳳凰

図95　南禅寺の探幽の襖絵

図96　青手竹虎図平鉢（石川県九谷焼美術館蔵）c

探幽の粉本の鳳凰（図98）と古九谷平鉢の鳳凰（図99－1）の比較です。この古九谷は本書のために比較した九〇点には入っていないのですが、伝世品古九谷で、石川県立美術館に所蔵されています。ここでは粉本にはない羽が右上から左下に描き加えられ、交差Xの構図が明らかです。鳳凰（孔雀）そのものがキリシタンマークでもあります。

では、水はどこに、描かれているでしょう？　実は、交差のために描き加えられた緑色の羽の半分は、波模様となっています（図99－2）。

図97　『画筌』の虎 i

図98　『探幽縮図聚珍画譜』より

図99－1　色絵鳳凰図平鉢（石川県立美術館蔵）h

図99－2（99－1部分）

◇松

二条城二の丸御殿障壁画の探幽の松（図100）との比較です。障壁画の松の枝の曲がり具合、幹の様子、葉の付き方はそっくりです。古九谷平鉢（図101）では魚マークを枝ぶりにもぐり込ませ、岩のような波が描かれています。この障壁画は、寛永三年（一六二六）後水尾天皇二条城行幸のための大改築の折に描かれたものです。この時、二の丸御殿には三千面以上の障壁画が、探幽をリーダーとする狩野派絵師集団によって描かれました。

◇格天井《ごうてんじょう》

信州にある真田家の菩提寺長國寺の格天井（図102）と古九谷平鉢（図103）を並べて見ました。探幽が描いたといわれるこの格天井は、真田信之の御霊屋《みたまや》にあります。当時加賀藩内には、探幽の下絵があったことは、漆器制作においての記録があります。格天井はいろいろなところで見られます。それが、長國寺の格天井の下絵そのものでなくても、

図101　古九谷青手老松図平鉢（石川県立美術館蔵）b

図100　二条城　二の丸御殿障壁画の探幽の松

格天井そのもの、あるいはその下絵はアイデアの一つになったのではないでしょうか。

◇鶴

狩野派の鶴との比較です。図104の古九谷の鶴は、狩野派の鶴といわれてきました。図105は探幽の鶴で、仕草が似ています。この平鉢には明の陶工しか知らないハートとスペードが描かれていますので、この皿は、明の陶工が粉本の鶴（図106）を見て制作したと思われます。

次の例は『画筌《がせん》』の中にあるお手本からです。『画筌』は享保六年（一七二一）に出版された狩野派弟子、林守篤による粉本の暴露本で、これにより、誰でも絵手本を模写できるようになり、浮世絵の登場に繋がっていくきっかけとなった本ですが、林はもともと探幽のお手本を粉本とする狩野派絵師が先生なので、『画筌』の絵は、探幽の写しとなります。

図102　真田家の菩提寺、長國寺の探幽の格天井

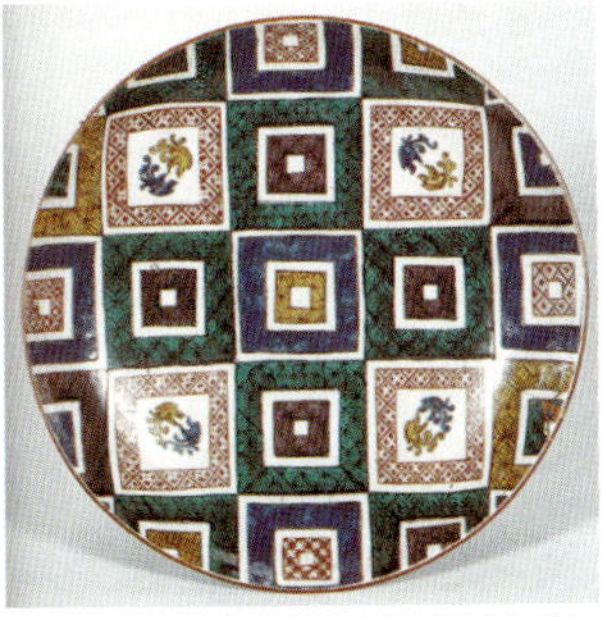

図103　古九谷色絵石畳双鳳文平鉢（石川県立美術館蔵）b

◇滝と波（図107）

図108、109の絵手本の全ての波と滝が描き込まれています。

◇蓮の葉（図110）

葉の上部の折れ曲がりまで図111の見本と同じです。

◇菊の花（図112）

黄色の菊の花は図113を手本にしていると思われますが、緑色の葉は違う植物の葉を描いているようです。左端に一葉だけ手本の中の葉が黄色で描かれています。

◇木芙蓉《もくふよう》（図114）

皿に描かれた紫の花は木芙蓉（図115）にそっくりです。やはりこの手本によるものでしょう。皿には、『画筌』にはない葉が描かれていて、芙蓉ではなく牡丹図といわれています。

図104　古九谷色絵鶴かるた文平鉢（石川県立美術館蔵）b

図105　狩野派探幽　飛鶴図（京都国立博物館蔵）

図106　『画筌』の丹頂 i

図109　『画筌』i

図108　『画筌』瀑布勢　i

図107　色絵山水文大皿（部分、金沢市立中村記念美術館蔵）a

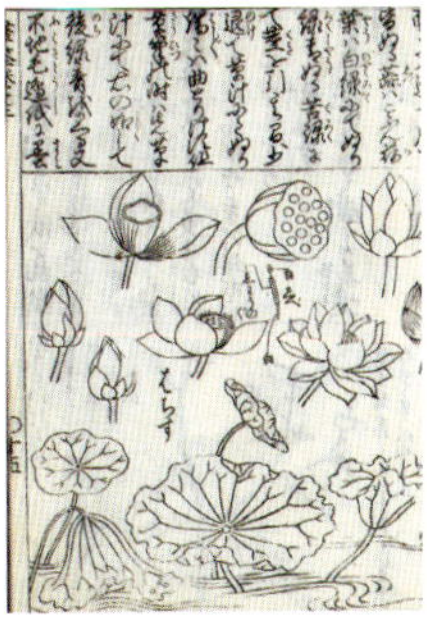
図111　『画筌』蓮花　i

図110　色絵蓮葉に菱文大皿（出光美術館蔵）a

図113　『画筌』朽葉菊　i

図112　色絵菊花文大皿（出光美術館蔵）a

以上は、『画筌』よりの絵手本との比較です。

漆器制作との関わり

江戸時代初期に、京都の人で蒔絵の名工である五十嵐道甫という人がいました。「道甫は通称を忠三郎といひ、寛永中藩侯利常（微妙公）に召抱へられ狩野探幽などの下繪に依って、多くの器物を造ってゐた」との記述が『金沢市史』にあります。

探幽の下絵は、利常の洗礼盤のためにも、存在したでしょう。

図116の漆器の下絵は探幽ではないかもしれませんし、図117の大皿は、利常の洗礼盤ではないかもしれませんが、同じ下絵からつくられたと思われる漆器と古九谷の例です。

『八種画譜』との関わり

図114　青手土坂牡丹図大平鉢 c

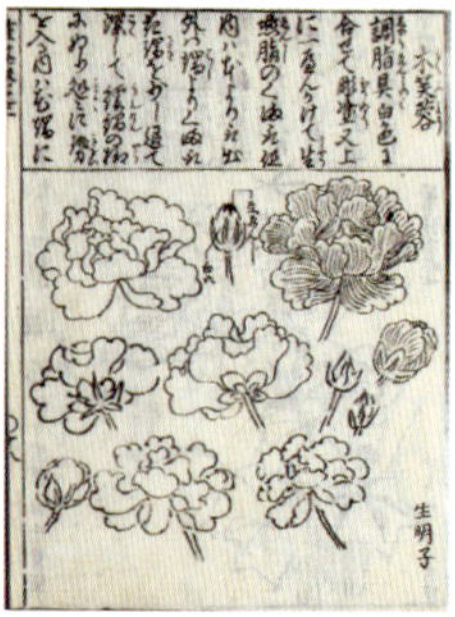

図115　『画筌』木芙蓉 i

すでにいくつか紹介いたしましたが、まだ次のような比較もあります。

これらは、出光美術館研究紀要「肥前磁器と『八種画譜』――古九谷様式における人物意匠の背景」（荒川正明氏）を参考にしました。

ここでも皿（図118）には、原画（図119）にはないキリシタンマークが見られます。原画から取っているのは三人の人物とそのポーズで、キリシタンマークはこの「三」人と右手に描かれている松の木と花木の交差Xです。縁には、水瓶の模様があります。

図120と図121については、原画の左手の景色の中の木は、不自然な交差Xを持つ木と変わり、鳥（聖霊を表す鳩）が付け加えられています。縁には、いつもの水瓶模様と九個の十字が描かれています。

図122では、図123の原画にはない鳥（鳩）が描き加えられ、左手の景色は枝に魚マークを持つ松の木に変わっています。ここにも縁にはいつものように水瓶模様があります。

写真117　色絵叭々鳥文大皿（東京国立博物館蔵）h

図116　梅竹双鳥図存清盆（室木家所蔵）h

図118　色絵松下人物図九角皿（大英博物館蔵）

図119 『八種画譜　唐詩五言画譜』「春夜」j

図120　色絵楼台人物文九角皿（個人蔵）g

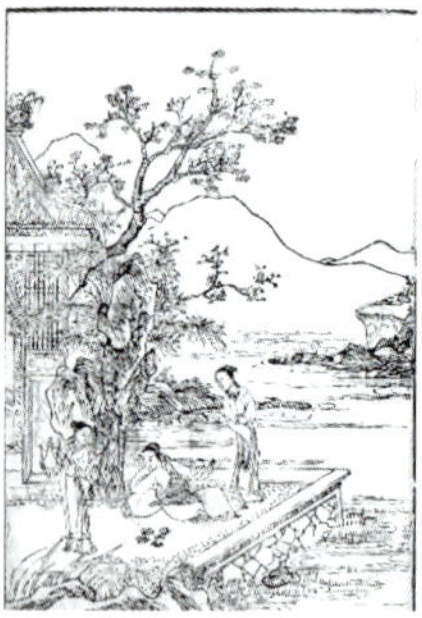

図121 『八種画譜　唐詩五言画譜』「示家人」j

図122　古九谷色絵松下人物文丸角皿（MOA美術館蔵）

図123 『八種画譜　唐詩五言画譜』「偶遊主人園」j

景泰藍（七宝）との関わり

古九谷、つまり利常の洗礼盤の意匠において特徴的なものの一つに、見込み部分の背景を埋める小さな模様の「海」があります。しかし、このようなデザインは明代の色絵陶磁器には見られません。ところが、ジャカルタにある古九谷類似の大皿（図124）の背景は、古九谷（図125）と同じように小さな百合のような花の模様で埋められています。ジャカルタの大皿と利常の洗礼盤は、両方とも同じく明の色絵陶工による制作に始まっていることは、否めません。では一体、このデザインは中国のどこからきているものなのでしょうか？

中国では、もとを辿れば、紀元前の春秋時代に遡るテクニックが存在したという説もありますが、元代にキリスト教とともに西洋からエナメル、つまり琺瑯の技術が伝わりました。日本では七宝とよばれます。それが明代、景泰年間に素晴らしく発達し、美しいものが多くつ

図125　色絵菊文大皿（出光美術館蔵）a

図124　色絵草花文大皿（ジャカルタ国立博物館蔵）

くられて、その色に青が多かったためにその名を冠して、琺瑯のことを「景泰藍《ちんたいらん》」とよぶようになりました。実はこの「景泰藍」のデザインには、背景が小さな模様で埋められているものがあります。景泰藍では、典型的なデザインの一つのパターンになっているようです。

加賀でも佐賀でも、明陶工はこの景泰藍のデザインの記憶によって大皿のデザインに使ったと思われます。

青手竹虎図平鉢（図125）の背景の渦巻雲とよく似た図が、景泰藍（図126）にあります。両方とも背面が水紋と渦巻雲です。

図127の平鉢と図128の景泰藍の背景の小花の形もよく似ています。

日本の意匠との関わり

図129の古九谷は出光美術館のもので、この比較は美術館図録『色絵Japan CUTE!』の中の比較です。

この皿は、本書の九〇点の例の中に入っていません。鶴はやはり、

図125　青手竹虎図平鉢（石川県九谷美術館蔵）c

図126　二龍戯珠雲水紋（部分）k

狩野派の鶴とよく似ており、花も似ています。斬新な水車と波は『新撰御ひいながた』（図130）を手本にしたと思われます。

『新撰御ひいながた』は、寛文六年（一六六六）に刊行されていますので、利常の洗礼盤ではなく、九谷村で焼かれたものと思われます。

また、図131の団扇模様、図132の渡海兎も日本の意匠です。

図131の団扇の禿げた部分は、焼き損じですが、加賀では色絵は、割られませんでした。

図133の古九谷には通例より多くのキリシタンマークが見られます。松の木の交差、花木の交差、魚マーク、ひょうたんの交差、鳥の交差、鳥の尾の交差、扇型の交差、刀と鍔《つば》でできた十字、エルサレム十字、人は「三」人、おまけに一人の童子は、十字架のポーズまでしています。真ん中の大きな人は、ひょうたんを掲げて、何かを教えているようです。ひょうたんの中身は、おそらく水。真ん中の人物は何かを教えているように見えます。

何を教えているのでしょうか？

図127　古九谷青手老松図平鉢（石川県立美術館蔵）a

図128　団龍図帽筒（部分）k

さて、見て来たように、伝世品古九谷平鉢を含む、主に石川県立美術館、石川県九谷焼美術館、出光美術館の各館所蔵の古九谷九〇点には、全てにいろいろな形の水模様とクリスチャンマークがあります。つまり、この大皿がつくられた背景には、キリスト教の影が見えます。

現代に至るまで、世に全く知られていないことながら、実は江戸初期の金沢では、主だった加賀藩士のほとんどは、禁教令下にも拘わらずキリシタンとなっていました。隠居先にいながら、二代藩主利長は密にキリシタンを保護していたのです。これは、父前田利家の遺言でもありました。

慶長十九年（一六一四）を期に、全てが変わります。この年、利長は隠居先の高岡で逝去、家康のバテレン追放令により、同年、高山右近も金沢を去りました。すでに、三代藩主となっていた利常は、十年間もひそかにキリシタン藩士を抱えていたのですが、この年から表向

図129　色絵片輪車松竹鶴文皿（出光美術館蔵）

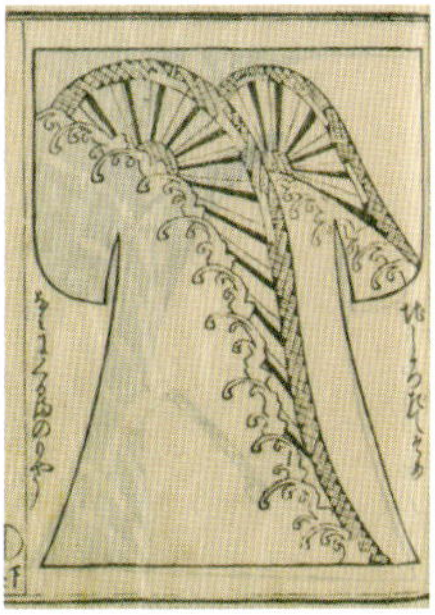

図130『新撰御ひいながた』片輪車

図131　古九谷青手団扇文大皿 f

図132　色絵渡海兎文大皿 a

図133　色絵人物九角皿（MOA美術館蔵）a

きは平穏に、藩も藩士もこの事実を隠し、家康に足並みを揃えて禁教します。こうして、加賀はキリスト教と無縁になっていきました。

実験を含む研究により、古九谷平鉢の磁器素地は、主に有田の山辺田窯でつくられたと解明されています。山辺田窯は、理由不明のまま慶安三年（一六五〇）ごろ閉窯となりました。窯の稼働期間より、古九谷平鉢がつくられた時期は利常の時代です。当時の加賀で、このような色絵の制作可能な人物を考えると利常以外にはなく、明らかに古九谷平鉢は、利常の命によりつくられました。目的は、利常を世に知らしめた慶長二十年大阪夏の陣での手柄の功労者、三一二名のキリシタン藩士のための追賞でした。

加賀藩史料その他を見ていると、寛永十四年（一六三七）を境に利常の個人的な動きが目に付き始めます。その動きを時系列にまとめてみました。

この年、長崎に買物係を派遣して、帰藩後、蓮代寺にて小松城の瓦焼きを始めさせる。寛永十五年、金沢、宮腰港の河口を二股に工事。二股の一つに接する佐那武神社の川端を補強する。佐那武神社の社殿を三社造営し、寄贈する。佐那武神社に奉行を置く。船による大坂登せ米を始める。寛永十六年、将軍へ小松への隠居の出願。寛永十七年、藩を三つに分ける。利常は隠居し、小松城へ入城。寛永十八年の侍帳によれば、蓮代寺の飛地、炭倉（倉屋敷）に武士を三名、飛地の傍の船着き場に小松最重臣の武士を含め三名、小松城下の二寺に一名ずつの武士の配属。山奥、炭の産地に在る寺に一名配属。小松侍帳の中のこれ等の武士は、利常の親戚縁者である。

これ等の動きは、もし蓮代寺の瓦焼きの陰に蓮代寺飛地で、ひそかに長崎から連れ帰った明の陶工たちに、自船でこっそり佐賀から移入した白磁器大皿を使い、御法度のキリシタンマークを持つ色絵大皿（洗礼盤）として焼かせ、それを藩士たちに与えようとするならば、どれも利常には必要なことでした。

制作も搬出も武士たちに守られ、飛地から三谷の船着場を出て、人知れず無事、宮腰港に着いた大皿の保管場所として、奉行に守られた佐那武神社は好都合でしょう。佐那武神社からは、城下への直線道路があり、犀川も繋がっています。

事実と事実の間に起きたことは、そう書かれていなくても見えてきます。例えば、密室の中に、猫と魚を置きます。五分後、密室を開けて、そこに魚はなく猫しかいないならば、猫が魚を食べたことがわかります。そんな風にして、古九谷と利常を追ってきました。

筆者が辿れるのはここまでです。

利常は、でき上がった洗礼盤をどのように藩士たちに渡したのでしょうか。

十字架総模様の正装で、威儀を正している利常さんに、訊きたいものです。

図134　複製前田利常画像（小松市立博物館蔵）m

【参考文献】

『石川県美術館保管　九谷名陶図録』石川県美術館
嶋崎丞『九谷　日本の陶磁13』保育社　一九七九年
『古九谷』財団法人出光美術館　二〇一四年
『没後４００年記念　高山右近とその時代』石川県立美術館　二〇〇五年
『九谷古窯跡発掘調査報告書』石川県教育委員会　二〇〇七年
『小松と前田家』小松市立博物館　二〇〇二年
『小松城』小松市立博物館　一九八七年
『交流するやきもの　九谷焼の系譜と展開』東京ステーションギャラリー　二〇一五年
井垣春雄「フォルカー著『磁器とオランダ東印度会社』について」（『陶説』３１２～３１４）一九七九年
東京大学史料編纂所編纂「オランダ商館長日記訳文編之五」『日本関係海外史料』東京大学　一九八五年
東京大学史料編纂所編纂「オランダ商館長日記訳文編之六」『日本関係海外史料』東京大学　一九八七年
平戸市史編さん委員会「平戸オランダ商館の会計帳簿　仕訳帳１６４０・１６４１」『平戸市史』平戸市　一九九八年
村上直次郎 訳註、中村孝志 校注『バタヴィア城日誌１』東洋文庫１７０　平凡社　一九七〇年
村上直次郎 訳註、中村孝志 校注『バタヴィア城日誌２』東洋文庫２０５　平凡社　一九七二年
村上直次郎 訳註、中村孝志 校注『バタヴィア城日誌３』東洋文庫２７１　平凡社　一九七五年
田代和生『倭館』文春新書　二〇〇二年
大西政太郎『やきものと釉薬』理工学社　一九九六年
荒川正明「肥前磁器と『八種画譜』」『出光美術館研究紀要（５）』出光美術館　一九九九年
伊藤和雅『古伊万里の誕生』吉川弘文館　二〇〇一年
文華亭主人 画『八種画譜』いろは書房　一八九一年
『蓮代寺町誌』蓮代寺町誌編纂委員会　一九七七年
石川県能美郡編『石川県能美郡誌』石川県能美郡　一九二三年
山田四郎右衛門 他『三壺聞書』石川県図書館協会　一九三一年
富田景周『越登賀三州志』一七九八年（寛政十年）
村上直次郎訳『長崎オランダ商館の日記　第一輯』岩波書店　一九五六年

『中国の文様Ⅱ　景泰藍』中国工商出版社＋美乃美　一九八一年
石黒文吉『加賀藩史料』一九二九～一九四二年
石川県編『石川県史』石川県　一九二七年
『大聖寺藩史』大聖寺藩史編纂会　一九三八年
『稱名寺史』稱名寺史編纂委員会　二〇〇一年
久藤豊治『古九谷の神秘』北國新聞社出版局　二〇〇八年
正和久佳『九谷焼』理工学社　二〇〇一年
二羽喜昭『真実の古九谷』新風社　二〇〇七年
二羽喜昭『古九谷論争の最期』時鐘社新書　二〇一〇年
二羽喜昭『古九谷論争の真実』北國新聞社出版局　二〇〇五年
北國新聞社編集局編『九谷もジャパンである』北國新聞社　二〇〇九年
正和久佳『《古九谷》研究批判』郷土史料研究所　一九九二年
「寛永19年小松侍帳」『慶長元和寛永侍帳』一八四三～一八五三年（天保十四～嘉永六年）
津田信成『諸士系譜』一八三二年（天保三年）
『さかい利晶の杜』堺市立歴史文化にぎわいプラザ　二〇一五年
『加賀百万石異聞　高山右近』北國新聞社　二〇〇三年
『有田陶磁史ＥＸＰＲＥＳＳ』www2.saganet.ne.jp
「キリスト教のシンボルとその意味」http://www.ancient-symbols.com/
石田雅彦「戦国期茶の湯成立の一背景」『嘉悦大学研究論集』86号　嘉悦大学論集編集委員会　二〇〇五年
笠井純一「脇田如鉄関係史料集」『日本近世初期における渡来朝鮮人の研究――加賀藩を中心に』金沢大学　一九九一年
中里逢庵『唐津焼の研究』河出書房新社　二〇〇四年
中嶋敏雄「近世日本陶磁器の系譜」http://www.ab.cyberhome.ne.jp/~tosnaka/index.html
森田平次『金澤古蹟志』金沢文化協会　一九三三～一九三四年
林守篤『画筌』浪華：保寿堂　一七二一年（享保六年）
金沢市編『稿本金沢市史』金沢市　一九一六～一九二五年
日置謙『加能郷土辞彙』金沢文化協会　一九四二年

【図版出典一覧】

a 『古九谷』（財団法人出光美術館）
b 『石川県立美術館保管九谷名陶図録』（石川県美術館）
c 石川県九谷焼美術館デジタル収蔵庫　http://www.kutani-mus.jp/ja/archives
d 『九谷古窯跡発掘調査報告書』（石川県教育委員会）
e 近世日本陶磁器の系譜　http://www.ab.cyberhome.ne.jp/~tosnaka/
f 『交流するやきもの　九谷焼の系譜と展開』（東京ステーションギャラリー）
g 『日本の陶磁』第5巻（中央公論社）
h 『九谷もジャパンである』（北國新聞社編集局編）
i 『画筌』（早稲田大学図書館　古典籍データベース）
j 『八種画譜』（国文学研究資料館）
k 『中国の文様Ⅱ　景泰藍』（中国工商出版社＋美乃美）
l 『八種画譜』（国会図書館蔵）
m 『平成十四年度秋季特別展　小松と前田家』（小松市立博物館）

＊アルファベット明記のない図版
図2　http://uraga-church-01.cocolog-nifty.com/photos/zenrencho/photo_2.html
図3　http://www.ignatius.gr.jp/info/stignatius.html#xavier
図4　https://www.cinra.net/news/gallery/59070/7
図7　http://www2.tkc.pref.toyama.jp/general/stdydtl.aspx?stdycd=00083610&libcd=
図11　『海を渡った肥前のやきもの展』（佐賀県立九州陶磁文化館）
図12　『没後４００年記念　高山右近とその時代』（石川県立美術館）
図13　https://es.wikipedia.org/wiki/Cruz_latina
図15　https://en.wikipedia.org/wiki/Ichthys
図17　https://en.wikipedia.org/wiki/Jerusalem_cross

図18 https://es.wikipedia.org/wiki/Cruz
図34 https://colbase.nich.go.jp/collectionItems/view/12f08f3c06a62af80737925634848303/57182
図79 「加賀藩初期の侍帳」（国会図書館デジタルコレクション）
図80 『稱名寺史』（稱名寺史編纂委員会）
図82 https://trc-adeac.trc.co.jp/Html/ImageView/1700105100/1700105100100060/001/
図94 http://www.shinkin.co.jp/tsurugi/huru010/hu1888/hu18107.html
図95 http://souda-kyoto.jp/travel/life/fusuma_picture.html
図98 『探幽縮図聚珍画譜』（国会図書館デジタルコレクション）
図100 http://mventura.hatenablog.com/entry/2013/11/24/020750
図102 http://chokoku-ji.jp/about/cathedral.php
図105 http://bunka.nii.ac.jp/heritages/detail/431379
図118 https://www.britishmuseum.org/research/collection_online/collection_object_details.aspx?objectId=775531&partId=1&images=true
図122 ＭＯＡ美術館提供
図124 『海を渡った肥前のやきもの展』（佐賀県立九州陶磁文化館）
図129 『色絵 Ｊａｐａｎ ＣＵＴＥ！』（出光美術館）
図130 『新撰御ひいながた』（国会図書館デジタルコレクション）

あとがき

五年前まで、私は加賀藩とキリスト教とは全く無縁だと思っていました。殉教のいい伝えなども、聞いたことがありませんでした。そのため金沢は、大村、長崎とともに日本で一番活発な布教の地、という宣教師のローマへの報告を読んだ時には、本当に私の知る金沢かと思ったくらいでした。

高山右近のマニラ追放以後、加賀藩では、厳しい禁教政策を敷いています。最初、キリシタン藩士は表向き改宗し、信仰を隠し通しました。宣教師もいなくなり、徐々にキリシタンのいない社会を実現させます。それを徹底したことが、後世までもその土地の人々の意識に反映されていることに驚きます。これがきっかけで、物心ついた時から郷土の誇りと思ってきた「古九谷」について、より親しむことになりました。「古九谷」には、キリシタンの影があることを知ったからです。このことに気が付かれた酒谷努氏のご着眼、また久藤豊治氏のご著書『古九谷の神秘』には推進力をいただきました。

古九谷が利常と関わることが明白となってからは、利常の隠居城が小松であること、古九谷の名のもととなった九谷村が大聖寺にあることから、勢い郷里においての文献を探すことになりましたが、古くから蓮代寺にお住まいで蓮代寺町誌に携わっておられた竹内清臣氏によるいろいろな資料、中でも飛地の地図は、古九谷がどこでつくられたかを示すうえで決定的なものとなりました。

不思議なご縁にもぶつかりました。そもそも「九谷焼」という名前が最初に現れたのは、一説に『臘月庵日記』の中での大聖寺藩の家老の家で催された茶会の記録にある「水指　九谷焼」とされていますが、この著者、浅野屋次郎兵衛は、母方の先祖です。『臘月庵日記』は、臘月庵と号した千仙叟の茶会の記録であり、筆頭弟子であった次郎兵衛は、その一部始終を記したのでした。

この本を書き進める中で、本当に多くの身近の方々の応援、ご関心、ご助言、お教えをいただきました。有難く、感謝申し上げるばかりです。

特に、山岡先生はじめ、竹内氏はもとより、中西由実さま、鈴木康夫氏、武腰潤氏、考察途中にもかかわらず、『みち』誌に「加賀藩切支丹始末」として連載してくださった天童竺丸氏、出版して下さった菊地泰博氏、そして最後までお世話になった編集の山田亜紀子さま、本当にありがとうございました。

そしていつも陰になり日向になり、自由に考えを羽ばたかせてくれたり、休ませてくれたりした主人には、ここに心よりの感謝を伝えたいと思います。

孫崎紀子

孫崎紀子（まごさき・のりこ）

一九四八年生まれ。金沢大学薬学部卒業、同医学部附属ガン研究所助手を経て、一九七一年に結婚後、外交官である夫と共に、ロンドン、モスクワ、ボストン、バグダード、オタワ、タシケント、テヘランに住む。

「マンナ」「ムミヨとウズベク語」「日本語とウズベク語の比較」「舎衛女のうた」などのエッセイ・論文がある。

二〇一四年から二〇一七年まで、上智大学・山岡三治教授「文化交渉学特講」（文学研究科）の講師を務めた。

著書に『「かぐや姫」誕生の謎――渡来の王女と〝道真の祟り〟』（現代書館）がある。

古九谷《こくたに》の暗号《あんごう》
――加賀藩主《かがはんしゅ》・前田利常《まえだとしつね》がつくった洗礼盤《せんれいばん》

二〇一九年一月二十九日　第一版第一刷発行

著　者　孫崎紀子
発行者　菊地泰博
発行所　株式会社現代書館
　　　　東京都千代田区飯田橋三―二―五
　　　　郵便番号　102-0072
　　　　電　話　03（3221）1321
　　　　ＦＡＸ　03（3262）5906
　　　　振　替　00120-3-83725
組　版　デザイン・編集室エディット
印刷所　平河工業社（本文）
　　　　東光印刷所（カバー）
製本所　積信堂
装　幀　奥冨佳津枝
地図製作　曽根田栄夫

校正協力／高梨恵一

ISBN978-4-7684-5843-3
定価はカバーに表示してあります。乱丁・落丁本はおとりかえいたします。
http://www.gendaishokan.co.jp/